원아시아의 헤럴드(Herald)

– 아시아공동체 창설을 꿈꾸며 –

• 아유카와 료 (鮎川 良) 저
• 제주대학교 아시아공동체연구센터 역

法 文 社

서 문

'아시아공동체'란 무엇인가? 이 질문에 대부분의 일본인은 잘 모른다고 답할 것이다. 솔직한 대답이다. 그러나 이에 대해 '공부 좀 해라'고 질책할 수 없다. 왜냐하면 애초 '아시아공동체'에 대한 정보나 이에 대한 관심과 흥미를 갖고 있지 않기 때문이다. 유럽연합(EU)이나 동남아시아국가연합(ASEAN) 등의 지역 공동체에 대해서는 관련 서적이 많이 발행돼 있고 신문 등 언론을 통해 관련 정보를 자주 접할 수 있다. 그러는 사이 알게 모르게 그 존재에 익숙해진 것이다.

앞에서 언급한 두 공동체는 이미 결성되어 있다. 반면에 '아시아공동체'는 결성에 이르기까지 아직 갈길이 멀다. 그리고 그 공동체 필요성에 대해서도 이견이 많다.

그러나 글로벌화가 진행된 오늘날 아시아지역 통합을 생각하여야 한다는 의견에는 찬성하는 사람이 많아졌다. 경제적인 것 뿐만 아니라 정치적으로도 여러 나라에 큰 이익을 가져다줄 수 있기 때문이다.

그러면 '아시아공동체' 결성을 위한 움직임이 아시아 각국의 정부에서 구체화되었냐 하면 유감스럽게도 그렇지 못한 상태다. 정치 이외 분야로는 아시아 관련 학회, 학술단체에서 활동이 이루어지고 있지만 그것은 학술 연구를 중심으로 하는 것이다. 더욱이 일반시민이 참가하는 활동은 거의 이루어지지 않는 상태다.

'아시아공동체'를 둘러싼 상황이 이런 정도이다 보니 특별히 관심을 가져온 것도 아니었다. 그러나 업무 차 '아시아공동체' 창설을 위해 노력하는 사람들을 만나면서 관심을 가지게 되었다.

그 사람들은 지금까지 만났던 공무원이나 학자들이 하는 것과는 방법이 아주 달랐다. 정치나 경제에 직접 관여하는 것이 아니라 문화와 교육 분야에서 '아시아공동체'를 모색하고 있었다. 국가는 주로 정치 · 경제에 의존하면서 국익을 꾀한다. 문화와 교육을 대상으로 하여 국익과 국민의 이익을 추구하는 것을 우회하는 것이 아닌가. '아시아공동체'를 교육과 문화의 측면에서 접근하고자 하는 움직임에 경제와 경쟁사회를 모르는 발상이라는 생각이 들었다. 현실을 모르는 소위 학자기질을 가진 사람의 생각인 것이다. 그러나 이런 생각을 하는 사람이 업계에서 1, 2위를 다투는 기업의 창립자라고 하니 갑자기 그 사람과 그 '아시아공동체'에 대해 흥미가 솟구쳤다.

'아시아공동체' 창설을 목적으로 설립된 원아시아재단을 방문하여 사토요지(佐藤洋治) 이사장으로부터 '아시아공동체'에 대한 이야기를 한 시간 정도 들었다. 사토 이사장은 '아시아공동체' 창설을 위한 활동과 자신이 구상하고 있는 '아시아공동체'

의 이상에 대해서 말했다. 아시아공동체는 여러 형태가 있어도 된다는 내용은 흥미를 끌기에 충분했다. 또 21세기에 실현될지 말지도 모른다는 터무니없다 싶은 계획에도 놀라지 않을 수 없었다.

장대한 계획에 놀랐다. 한편으로 중 · 일관계와 한 · 일관계 등 일본이 여러 이웃 나라들과의 관계가 악화되어 있는 상황에서 과연 아시아공동체 구상이 실현될 수 있을 것인가라는 의문이 들었다. 또 아시아의 여러 지역은 유럽과 일본에 의해 식민지 지배를 받는 등 과거의 역사가 복잡하다. 이런 사정을 고려하면 사람들은 '아시아공동체'라는 말만 들어도 실현이 어렵겠다고 생각할 것이다.

그러나 사토(佐藤) 이사장은 남들이 이상이라고 생각하는 거대한 테마를 포기하지 않고 묵묵하게 실행해 나가는 리더라는 것을 그와 같이 하면서 피부로 느낄 수 있었다. 끝까지 밀고 나가는 정열도 남달랐다.

과거는 바꿀 수 없지만 미래를 바꿔나가는 움직임에 대해 처음부터 안 된다고 단정하는 것은 폭력일지도 모른다.

사토(佐藤) 이사장은 '아시아공동체'가 창설되기 위해서는 우선 세 가지 장벽을 무너뜨려야 한다고 설명했다. 상대방과의 협상에서 각자의 이해(利害) 관계를 우선하게 되지만, '자기 · 자아의 벽', '기업 · 단체의 벽', '국가 · 민족의 벽'을 졸업하지 못하면 공동체 창설을 향한 온전한 성과를 얻을 수도 없고 전진해 나갈 수 없다고 하였다. 이와 관련해서는 이 책에서 자세히 설명을 하고자 한다.

원아시아재단은 그 활동의 일환으로 아시아 지역 대학에 아시아공동체에 대해 공부할 수 있는 강좌를 지원하고 있다. 이 아시아공동체 강좌는 아시아 각국에 급속하게 퍼져 나갔다. 각국에서 얻어진 성과를 공유할 수 있는지에 대한 요구의 목소리도 터져 나왔다. 그 성과를 책으로 발행하여 각국 언어로 번역하면 아시아 각 지역의 네트워크를 통해서 대학 교수들과 학생들이 공유할 수 있을 것이다.

강좌가 빠르게 퍼져나갔다는 것은 많은 나라와 지역에서 '아시아공동체'를 받아들이고 있다는 증거다. 각국의 강좌에서 제시된 다양한 사고의 방식을 집약해 나가는 것만으로도 가치가 있다.

이 어려운 과제를 마주하게 되어 취재가 쉽지만은 않겠다는 생각이 들었다. 어쩌면 결론을 내지 못한 채로 끝날지도 모른다. 그러나 원아시아재단의 이상(理想)이 급속하게 전파되어 나가는 현장을 취재하면서 점점 이 주제를 파고 들어가고 싶다는 욕구를 이기지 못하고 미지의 세계에 발을 들여놓게 되었다.

큰 불안감을 갖고 취재를 시작하였다. 많은 대학교수와 강좌의 수강생들 의견을 들으면서 '아시아공동체'는 앞으로 미래를 향해 피할 수 없는 중요한 테마가 되고 있는 것을 점점 느낄 수 있었다. 안 된다고 포기하는 것이 아니라 어떻게 하면 될 수 있는지, 그 실현을 위해 정열을 쏟고 연구에 임하고 있는 대학교수들이 아시아 지역에 많이 있다는 것을 알게 되었다.

그리고 많은 대학교수들이 아시아 지역에 네트워크를 넓히고 있는 모습을 보았을 때 불가능하게 보였던 이상이 언젠가 큰 성과를 낼 수 있을 것이라는 확신으로 바뀌었다. 이제 실로 '아시아공동체' 창설을 향해 멈출 수 없는 큰 조류가 형성된 것이다. 확실한 것은 아시아 지역에서 활약하는 여러 분야 대학교수들의 지혜, 확대되어 가는 네트워크, 여기에 더해 대학에서 아시아공동체에 대해 공부한 많은 학생들이 앞으로 각국의 미래를 짊어지는 주역으로 성장해 나감으로써 아시아공동체 강좌는 큰 열매를 맺게 될 것이다.

이 책이 아시아 지역의 미래를 조금이라도 밝게 비출 수 있는 한줄기 빛이 되었으면 하는 바람이다.

역자 서문

아시아공동체라는 표현이나 용어에 대한 특별한 의문은 없지만, '원아시아'에 대하여 질문하는 사람이 많다. 이 표현에 거부감을 느끼는 사람들이다. 원아시아와 아시아공동체는 다 같은 말이다. 원아시아재단 설립전 원아시아클럽이라는 도시 중심의 공동체가 만들어져서 활동한 적이 있다. 이를 전신으로 하여 원아시아재단이 설립되었고, 원아시아라는 표현을 사용하고 있다. 일반적으로 학계에서는 아시아공동체라는 표현을 사용하고, 원아시아재단이 지원한 강좌의 명칭도 절대 대부분이 아시아공동체이다.

아시아공동체에 대한 정확한 학술적 개념은 없다. 아시아공동체학이 형성되지 않았다는 것이다. 그러나 공동체는 지역성을 내포하고, 집단적 이념 즉, 공통의 가치를 지향하는 특징이 있다. 아시아의 많은 대학들이 아시아공동체론 강좌를 원아시아재단의 지원하에 개설하고 있다. 모두 아시아공동체 형성이라는 가치를 공유하기 때문이다. 아시아공동체론 강좌는 현재 아시아의 이슈와 미래에 추구하여야 할 패러다임을 어떠한 형식이나 제한없이 테이블 위에 올려보자는 의미가 크다. 특별히 아시아공동체학 형성을 위한 정의나 학문적 가치중립성 추구에

조급함을 나타내지도 않는다. 아시아공동체 형성은 현재 아시아 지역과 아시아 각국이 당면하고 있는 국가문제나 지역문제 해결에 도움이 된다는 것을 깊이 인식하고 있다. 대학교육과 학자들을 통하여 아시아공동체 형성을 위하여 급함이 없이 나아가고 있다.

제주대학교 아시아공동체연구센터도 아시아공동체라는 거대한 화두에 동참하고 있다. 제주도는 경제와 사람에 대하여 개방과 자유가 보장된 '국제자유도시', 지방정부가 고도자치권을 보유하고 행사하는 '특별자치도' 그리고 지역정체성(identity)과 국제성을 통한 세계와의 조화와 경제적 복지, 평등, 정의라는 인권이 보장되는 평화의 섬이다. 제주도는 아시아공동체가 추구하는 기본가치에 가장 적합하고 모범적인 지역적 단위이기 때문이다. 따라서 아시아공동체연구센터는 아시아공동체론 설강, 아시아 대학과의 교류, 학술세미나 등을 통하여 그 가치를 공유하고 있고 지역현안도 연구하고 있다.

『원아시아의 헤럴드』는 원아시아재단 이사장의 철학, 재단의 주요활동인 아시아 각 대학에 지원한 아시아공동체론 강좌 내용, 그리고 아시아공동체 가치에 공감하는 아시아 학자들의 생각을 소개하는 내용이다. 원아시아재단은 이 책을 일본에서 출판한 후에 아시아공동체연구센터에 번역과 출판을 의뢰하여 발간하게 되었다. 아시아공동체연구센터는 가능한 원문에 충실한 번역을 하였다. 다소 일본식 문장표현이 남아있을 수는 있지만, 독자들이 읽기에 불편함이 없도록 교정하였다. 이 책을 통하여 앞으로 아시아공동체론을 개설하고 있는 대학이나 개설할 대학의 강좌운용에 도움이 되었으면 한다. 이 책의 번역은 아시아공동체연구센터 초빙연구위원인 제주국제대학교 일본어학과 김은희 교수께서 수고하여주셨다. 법학연구소 송서순 박사와 아시아공동체연구센터 김경미 연구원이 교정의 수고를 더하였다. 원아시아재단과 가치를 공유하였기에 번역과 출판 작업에 즐거움이 있었다. 끝으로 「원아시아 컨벤션 제주 2014」의 집행위원장인 아시아공동체연구센터 부소장 최낙진 교수의 도움이 없었다면 출판이 더뎌졌을 것이다. 아시아공동체연구센터는 이 자리를 빌려 그에게 고마움을 전한다.

역자

차 례

제4장 아시아공동체 창설을 위한 공감대

제5장 네트워크를 확대하는 원아시아의 헤럴드(Herald)

제6장 아시아공동체 강좌에서 아시아 통합을 논하다

제 1 장

아시아공동체 창설을 향한 첫걸음

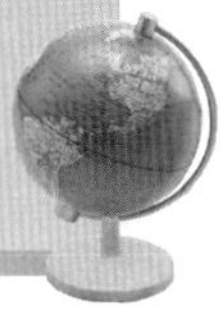

1. 제로에서 출발, 그리고 망설임

원아시아재단은 아시아공동체 창설을 목적으로 아시아 각국의 대학에 지원 강좌를 개설하고 있다. 2013년 10월 현재 강좌를 이미 개설했거나 강좌 개설 신청이 확정된 대학은 28개국 241개교이다. 2009년 12월에 사토 요지(佐藤洋治) 이사장을 비롯하여 관계자가 재단을 설립하고 2010년 3월 1일에 3명의 운영진이 사무실에서 얼굴을 마주한지 겨우 3년 8개월만의 일이다. 니시즈카 히데가즈(西塚英和) 사무총장은 사무실을 오픈한 그 당시는 장차 무엇을 하면 될지 재단도 잘 몰랐다고 회고하였다. 이 외 운영진은 정준곤 수석연구원과 사무를 담당하는 메리트 치아키(千明) 씨를 합쳐 3명이었다. 정준곤 수석연구원도 처음에는 재단을 어떻게 운영해 나가면 좋을지 몰라 다른 여러 재단의 조직을 조사해 봤지만 전혀 도움이 되지 않았다고 하였다. 목표로 하는 내용이 특수한 것이 가장 큰 이유였다. 재단 운영진은 모든 일을 백지 상태에서 하나씩 자기 손으로 스스로 만들어 나가지 않으면 안 되었다.

원아시아재단이 지원하는 강좌는 3개의 조건만 갖추면 신청할 수 있다. 첫째는 아시아공동체 창설에 기여하는 강좌를 실시해야 한다. 단순하게 아시아 지역에 대한 강의를 하는 것은 안 된다.

두 번째는 수업이 매주 다른 전문가에 의해 이루어져야 한다는 것이다. 매주 국내 · 외의 전문가가 강의하는 옴니버스 방식을 채용하는 것이다. 강의는 한 학기 또는 1년 단위로 개설되어야 한다. 주1회의 수업에서는 한 학기에 15회, 또는 1년 30회 정도 강의를 해야 한다. 각 회마다 다른 전문가가 담당한다는 점에서 독특한 구성의 수업이 될 수 있다. 이것이 학생들의 인기를 끄는 요인이 되고 있다.

마지막 조건은 대학 졸업 학점으로 인정받는 정규 교과목이어야 한다는 것이다. 학점으로 인정받는 강좌를 하기 위해서는 대학 내 교과과정위원회의 승인이 필요하기 때문에 이 강좌에 임하는 교수의 열의가 없으면 개설이 어려운 경우도 있다.

현재 강좌를 진행하고 있는 도쿄(東京)의 한 대학에서는 수강신청 학생이 910명이다. 대학 설립 이래 대기록을 세웠다. 담당교수는 학생들의 호응에 놀라면서 채점하여 성적을 내는 것이 고민이라고 즐거운 비명을 토하기도 했다.

2. 급증하는 강좌 개설로 바빠진 재단

2010년 9월 재단 운영진의 인적 네트워크를 살려 국내·외 4개의 대학에서 강좌의 지원이 시작되었다. 일본의 니혼(日本)대학 국제관계학부, 한국의 고려대학교, 건국대학교, 우석대학교였다. 강좌의 개강에 맞춰 재단에서는 강좌조성금 신청서의 점검 등 구체적인 사무 작업이 동시에 진행되었다. 신청서에는 강좌 개설의 의의와 목적, 강좌 전체의 일정표, 수업을 담당하는 전문가의 연구 분야 등을 기입한다. 신청서는 재단의 심사위원회를 거쳐 이사회에서 최종 결정한다.

2011년 1월 도쿄에서 열린 강좌의 대학생과 대학교수들과의 교류회에서 사토(佐藤) 이사장은 5년내 100개 대학으로 확대시키겠다고 당면 목표를 밝혔다. 그 후 신청 대학이 급속도로 증가하면서 재단 운영진은 갑자기 바빠지기 시작했다. 아시아 각 지역으로 강좌 개설이 확대되면서 각 교수의 네트워크를 활용, 국경을 초월하여 강의를 담당하는 경우도 늘어났다. 각 교수들의 네트워크가 확산되면 어디에서나 강좌 개설이 가속적으로 늘어날수 있다는 것은 충분히 짐작할 수 있는 일이다. 이런 과정을 거쳐 3년 8개월 만에 241개 대학에서 강좌를 개설하기에 이르렀다. 지금은 한 번의 심사위원회에서 20개 대학의 강좌를 승인하는 일도 있다고 한다.

정준곤 수석연구원은 교수들의 네트워크야말로 재단의 중요한 재산이라고 하였다. 사토 이사장은 당초 아시아의 여러 지역에 교수의 네트워크가 4,000명 정도까지 확산되기를 희망하고 있었는데 그 실현도 멀지 않았다. 이 네트워크를 만들어낸 힘은 불가능한 것이라고 생각했던 아시아공동체 창설을 위한 여러 과제들을 하나씩 해결해 나가는 힘으로 이어질 것이다. 이것은 아시아공동체 강좌가 지향하는 것이고 재단의 큰 목표이기도 하다.

교육을 통한 인재육성은 새로운 시대를 열어가는 중요한 투자임을 원아시아재단은 충분히 이해하고 있다. 각국의 대학에서 강좌를 수강한 학생들은 20년 후 40대가 되고 그들은 각자의 나라에서 중요한 역할을 하게 되리라 기대하고 있다.

이런 미래의 예상이 실현되었을 때 각 나라의 교수들에 의한 아시아공동체 연구는 진일보할 것이고, 현재 수강생들에 의한 아시아공동체 실현을 위한 국경을 초월한 교류가 활발해질 것이라는 확신을 갖게 되었다.

'아시아공동체' 마지막 시간에는 성적이 우수한 학생들에게 재단이 장학금을 수여한다. 이 자리에는 사토(佐藤) 이사장이 일정이 허락하는 대로 마지막 강의를 담당하고 장학금과 장학증서를 한 사람 한 사람에게 손수 전달한다.

지금 재단에는 강좌 개설 신청이 많이 들어와 있다. 또 강좌 신청을 위해 각 나라의 대학교수들이 재단을 방문하는 일도 많아졌다. 여기에 응대하고 신청서 후속 처리에도 시간을 할애하고 있다. 강좌 개설이 늘어나고 있기 때문에 장학금 수여를 위해 현지의 대학을 방문하는 사토 이사장과 재단 운영진은 아시아 지역의 나라를 빈번하게 드나드는 날이 앞으로도 계속될 것이다.

재단 운영진은 국적, 민족, 성별, 연령의 장벽이 없는 국제성이 풍부하고 활동적인 사람들이다. 이 지원 사업을 계속하다가는 일본에서가 아니라 해외에서 쓰러지게 될지도 모른다고 사토 이사장은 농담을 할 정도다. 이런 표현은 만족감을 뒤집어 말한 것이다.

3. 민간 · 중립적인 자세가 강좌 확산의 요인

대학교수들의 네트워크구축이 확대되면서 강좌 개설이 늘어나고 있는 것은 엄연한 사실이다. 이렇게 강좌가 각국의 국립대학을 포함하여 확산되고 있는 이유는 재단이 갖고 있는 특성 때문이다.

원아시아재단은 사토 이사장의 자산을 출자하여 설립되었다. 특정 기업과 관련된 사업으로 운영하고 있는 것이 아니다. 기업 이름을 머리에 붙인 강좌와는 전혀 다르다. 강좌의 취지가 맞으면 내용은 각 대학이 자유롭게 선정하도록 한다. 재단은 되도록 밖으로 드러나지 않게 중립적인 위치에서 강좌를 지원하고 있다. 처음에는 특정 색깔을 가지고 있는 재단이 지원하는 강좌를 개설하는 것은 어렵다는 대학도 있었다. 재단 지원 강좌를 각 대학이 쉽게 수용할 수 있는 이유는 재단이 가지고 있는 중립적인 자세 때문이라고 할 수 있다.

일본 자위대 간부를 양성하는 방위대학(防衛大學)으로부터도 강좌 신청이 들어왔다. 특히 중국은 중 · 일관계가 악화되어 있고 정치체제가 다름에도 불구하고 강좌 개설 대학이 대부분 국립대학이고 그 숫자도 점점 늘고 있다. 또 한국에서도 한 · 일관계가 그다지 좋다고만은 할 수 없지만 마찬가지로 강좌 개설 대학은 늘고 있다. 중립적이고 민간 차원의 것이야말로 정치적 충돌의 장벽을 넘어설 수 있다.

중국에서 처음으로 강좌를 개설했던 대학은 재단이 운영방침을 신중하게 검토했다고 하였다. 결과적으로 재단의 중립적인 위치와 보상을 바라지 않는 자세가 받아들여져 그 후 많은 대학으로 퍼져 나갔다. 그리고 옴니버스식 강의는 외국의 대학교수나 전문가를 불러올 수 있어 인기를 얻게 되었다. 다른 대학으로부터 대학교수를 불러오는 것이 어려운 대학도 많았고 외국어로 수업하는 것도 흔하지 않아 인기를 끌게 되었다. 외부로부터 전문가를 초빙하여 수업을 하는 것은 대학으로서도 의미가 있다. 닫힌 대학에서 열린 대학으로 개혁의 바람을 불어넣은 것도 하나의 공헌이라고 할 수 있다.

강좌가 학생들에게 인기가 높아지면서 강좌 개설의 취지를 이해하고 아시아공동체 강좌를 상설 교과목으로 두는 대학도 늘어났다. 재단의 이념에 공감하는 대학교수들의 노력과 수강생들의 열의가 플러스된 상승효과를 보게 되면서 아시아 각지에서 강좌 개설이 가속화되고 있다.

제 2 장

한국 대학교수들의 아시아공동체 구축을 위한 열정

1. 악화된 한 · 일관계 속에서 해결책 모색

2012년 8월 한국의 이명박 대통령이 현직 대통령으로서는 처음으로 독도를 방문하자, 독도를 둘러싼 영유권 문제가 재발하여 한 · 일관계가 악화일로로 빠져들었다. 또한 일본과 중국은 센카쿠 제도(따오위따오(釣魚島))의 영유권을 둘러싸고 중국 국적의 어선이 일본 영해로 침입하면서 단골 뉴스거리가 되었다. 이처럼 현실적으로 한 · 일관계와 중 · 일관계는 뒤틀린 상태에 있다.

반면 원아시아재단의 강좌는 한국과 중국의 국립대학에서도 받아들여지는 등 재단 지원 사업은 거의 영향을 받지 않았다. 일본에는 지금까지 중국과 한국에서 많은 관광객이 방문했었지만 중 · 일관계의 악화로 중국인을 대상으로 하는 호텔 등 숙박업소는 고전을 면치 못하게 되어 관광업은 큰 타격을 입었다. 그 결과 2013년에 들어서는 관광업을 비롯한 많은 업종이 동남아시아 지역으로 눈을 돌리게 되는 계기가 되었다.

한 · 일관계가 악화되기 시작한 2012년 12월 초순, 다행스럽게도 재단의 운영진과 함께 한국 서울에 있는 몇몇 대학을 동행 취재할 기회를 얻었다.

아침 일찍 향한 곳은 서울 시내에 있는 한양대학교다. 작은 언덕 위에 거대한 하얀 건물이 줄지어 있어, 멀리서 보아도 규모가 큰 대학이라는 것을 알 수 있었다. 영하의 기온 아래 하늘은 두터운 구름으로 덮여 있었다. 이날은 원아시아재단이 지원하는 강좌의 종강일로 사토(佐藤) 이사장의 특강이 예정되어 있었다. 그 특강에 앞서 김종양 명예총장을 비롯하여 정치학 박사 문흥호 교수 및 김유은 교수가 일행을 맞이 하였다.

김종양 명예총장은 몇 해 전 한 · 중 · 일 세 나라에서 1년씩 각각의 대학에서 공부를 하고 마지막에 자기 나라에서 공부하는 프

◀ 한양대학교 김유은 교수

한양대학교 강의 장면 ▶

로그램이 있었지만, 당시는 참가하는 대학이 적었다고 회고하면서 원아시아재단의 취지가 많은 나라와 지역에 확산되는 것에 경의를 표했다. 그리고 이 강좌를 대학의 정규과목으로 계속 진행해 나가겠다는 의향을 내비쳤다. 김종양 명예총장은 몽골을 포함한 아시아 지역에서는 한 · 중 · 일 세 나라가 리더 역할을 하면 좋지 않겠냐는 지론을 펼쳤다. 그리고 한국 대학 졸업자의 낮은 취업률을 지적하면서 고학력자의 실업률을 걱정하였다. 여기에는 대기업을 선호하는 것이 하나의 이유라고 했다. 그러나 앞으로 취업활동에서 살아가는 방법의 하나로 국경없는 보더레스(borderless) 상태에서 일하게 되는 시대가 곧 오지 않겠냐고 예측하였다.

동석했던 문흥호 교수(한양대 중국문제연구소 소장)는 서로가 진정한 마음을 가지고 친선을 도모하는 것이 중요하다고 서두를 꺼내면서 독도문제로 삐끗해진 한 · 일관계에 대해 유감을 표명했다. 또 정치적 관계를 제쳐두고라도 서로 좋은 면을 받아들이고 인정하기까지는 시간이 더 걸릴 것이라고 추측했다.

그러나 상호이해의 증진을 위해서는 아시아 각국의 대학교수들의 역할이 아주 중요하다. 강좌에서 교수들이 가르친 학생들이 어떻게 역할을 이어나가는 가에 따라 장래가 걸려 있다. 기대를 해본다.

마지막 수업이 이뤄지기 전 짧은 시간이었지만 열띤 의견교환이 이루어졌다. 강의실로 이동하자 250명의 학생이 앉아 있었다.

성적 우수자에 대한 장학금 수여식이 예정되어 있기 때문에 학교 관계자와 재단 관계자가 참석하였다. 그래서인지 학생들은 긴장하는 눈치였다. 사토 이사장은 단상에 올라 인사말을 하고 평소의 온화한 미소를 보이며 종강 특강을 시작하였다.

수업이 끝나자 대학 교수가 성적 우수자의 이름을 호명하였다. 호명된 순서대로 학생이 단상에 올라와 사토 이사장으로부터 상장과 장학금을 받았다. 상장과 장학금 전달식이 끝나자 전원 기념촬영을 했다.

2. 일본과 한국의 통역 메신저

한양대학교에서 강의가 끝나고 밖으로 나오자 날씨는 눈발이 날리고 있고 주변은 모두 설경으로 바뀌었다. 오전의 짧은 시간 동안 20센티나 쌓여 있었다. 이것이 서울에서 첫눈이라고 했다. 아침부터 영하의 날씨로 인해 높은 동산에 위치한 대학의 도로는 스키장의 슬로프처럼 돼 버려 대학 관계자들이 제설작업을 하고 있었다.

갑작스럽게 눈이 쌓였기 때문에 미처 대응하지 못한 자동차들이 여기저기서 멈춰 섰다. 대학에서 준비해준 자동차를 타고 있던 재단 관계자들도 도중에 자동차를 포기하고 가까운 지하철역으로 이동한 다음 지하철을 타고 서울 시내 중심부로 돌아왔다.

동행자 중에는 한국과 일본의 다리 역할을 하는 배소영이라는 여성 통역이 있었다. 일본어가 아주 유창하여 그 연유를 물어보니 초등학교 때부터 고등학교 때까지 일본 도쿄에서 지냈다고 하였다. 고등학교 때 종종 한국을 방문하였고 고려대학교 졸업 후, 전문 통역사를 목표로 이화여자대학교 통역대학원에 진학하여 일본어 통역을 전공했다고 하였다.

2011년 12월 한양대학교 국제대학원에서 일본어를 강의할 때 대학을 방문한 원아시아재단 관계자로부터 통역을 의뢰받게 되었고, 이것이 인연이 되어 그 후 한국 내에서 재단 통역을 전담하게 되었다고 한다. 일본어 수준이 높고 한 · 일 두 나라의 문화와 관습에 대해서도 잘 알고 있기 때문에 회화의 세심한 뉘앙스를 전달하는 데도 아주 능통하였다.

일본인은 말하는 상대방을 배려해서 자기 의견을 조심스럽게 말하지만 한국인은 분명하게 자기 의견을 밝히기 때문에 일본인의 말을 한국어로 통역할 때는 3의 내용을 5정도로 강도를 높여 전달하고, 반대로 한국인의 말을 일본어로 할 때에는 5를 3으로 강도를 내려 전달하면 적당한 강도가 된다고 했다. 이렇듯 통역중에도 국민성의 미묘함까지 생각하는 고도의 치밀함에 감탄하지 않을 수 없었다. 그녀는 주요 국제회의, 중요한 기업 비즈니스 회의 등의 동시통역을 주로 담당한다고 하니 실로 프로가 아닐 수 없다.

지금도 한두 달에 한 번은 일본을 방문하고 있다. 평소 본인은 한국인이라는 의식을 별로 하지 않고, 아시아 지역에 살고 있는 사람 중의 하나라는 의식이 강하다고 하였다. 그래서 처음 원아시아의 활동 내용을 접했을 때 바로 관심을 갖게 되었다고 했다. 지금까지 한국 대학에서 사토 이사장의 강의 통역을 담당한 것이 10회가 넘었다고 했다.

그녀는 지금은 혼자 말할 수 있을 정도로 강의 내용을 외우고 있다면서 웃었다. 고등학교까지 일본에 살았던 까닭에 한국인으로부터 일본인에 대한 것을 자주 질문을 받고, 일본인으로부터는 한국인에 대한 질문을 자주 받는다고 했다. 그리고 늘 한국인으로부터는 일본인이냐는 질문을 받고, 일본인으로부터는 한국인처럼 보인다는 말을 자주 듣는다고도 했다. 한국과 일본 사이에 서서 통역을 하면서 두 나라에 대해 배려하는 마음이 싹텄다고 한다. 앞으로는 아시아 뿐만 아니라 세계로 더 시야를 넓히고 싶다는 포부를 밝혔다.

3. 변화에 대응하는 새로운 조직 구축의 필요성

오후가 되자 눈발이 수그러들었다. 내린 눈이 얼어붙어 서울 시내의 길은 걸어 다니는데 신경을 써야 될 정도로 미끄러웠다. 그렇지만 다음 취재를 위해 한 호텔의 카페로 향해야만 했다. 옛날 일본 식민지 시대에 조선총독부가 있었던 건물 근처의 전나무 모양으로 만든 깜빡거리는 거대한 장식조명은 눈에 반사되어 여러 가지 색으로 빛을 내고 있었다. 크리스마스까지는 아직 며칠 남았지만 거리는 이미 화이트 크리스마스 분위기가 물씬 풍겼다. 서울 시내는 지하 통로가 사방팔방으로 뻗어 있기 때문에 눈이 내릴 때는 지하도를 걷는 것이 안전하고 편리하다. 한반도의 분단으로 인해 북한에 더 가까운 서울 시내는 미사일 공격에 대비해서 방공호 대신에 지하도가 많이 만들어졌다는 경위를 현지에서 들었다.

인천대학교 동북아 국제통상학부에서 가르치고 있는 박제훈 교수는 경제 전문가이다. 미국의 오하이오 주립대학에서 박사학위를 받은 뒤 1990년까지 소련경제에 대한 분석 결과를 한국정부에 보고했었다. 한국은 소련과 국교가 단절된 상태에 있었지만 동서냉전이라고 하는 상황에서 사회주의 경제에 주의를 기울일 필요가 있었다.

그러던 중 1989년 12월 2일과 3일에 걸쳐 지중해의 몰타(Malta)에서 미국과 소련의 정상회담(몰타 회담)이 열렸고 이듬해 1990년 동독과 서독이 통일되었다. 이로써 오랫동안 계속되었던 동서냉전이 종결되었다. 같은 해 9월에 한국과 소련(현 러시아)의 국교가 정상화되었다. 이것을 계기로 한국에 귀국하여 1994년 인천대학교 교수로 부임하였다.

귀국해서부터 아시아 지역 전체로 연구 영역을 넓혔다. 미국의 대학에서 공부했던 소련 경제에 대한 연구는 아시아 지역 경제 연구에 도움이 되었지만 냉전시대 종결 후의 세계질서 속에서 미국과 일본, 그리고 중국과 러시아의 경제를 연구하는 새로운 조직 구축의 필요성을 느끼게 되었다. 인천대학교에는 이에 대응하는 학부가 없었기 때문에 통상학부의 개설을 위해 독자적으로 기획안을 만들어 대학에 제안하였다.

인천대학교에서 공부하는 학생들이 서울대학교, 고려대학교, 연세대학교 등과 같은 명문대학 학생들과 어깨를 나란히 할 정도의 높은 학문을 배웠으면 하는 마음이 간절하였다. 또 새로운 세계질서 속에서 아시아 지역의 연대를 통해 경제발전을 이루고 동시에 미래를 모색할 수 있는 새로운 학문의 틀을 설정해야 한다는 구상을 하였다. 박 교수는 바로 실천에 옮겼다.

본격적인 학부 신설에는 막대한 경비가 필요했다. 이에 필요한 기금을 조성하는데 1996년 기준으로 200억원 정도의 예산이 필요했다. 자금을 지원해 줄 곳으로 맨 먼저 나선 곳은 대우그룹이었다. 대우는 한국 10대 재벌의 하나로 현대에 버금가는 기업이었다. 현물 출자로 학부신설에 따른 50억원 상당의 건물을 제공하여 주었다. 그 후 대우그룹은 아시아 외환위기의 타격을 받아 미국 제너럴 모터스(GM)에 출자를 청했지만 교섭은 결렬되었고 재벌해체라는 시대 흐름에 따라 1999년 파산하였다.

인천시로부터 100억원, 교육과학부로부터 50억원을 지원받고, 1997년에는 필요한 20억원을 조달하여 1998년 3월에 신설학부 동북아국제통상학부를 신설하였다. 중국통상 전공, 일본통상 전공, 미국통상 전공을 두고 경제학과와 무역학과를 신설하였다. 우수한 학생은 장학금으로 수업을 받을 수 있게 하고 해외 유학의 길을 넓혀 놓았다. 따라서 지금은 한국에서도 높은 수준의 학부로 인정받게 되었다고 박제훈 교수는 그 경위를 설명하였다.

인천대학교 박제훈 교수 ▶

한국은 외환위기에 따른 재벌해체의 영향으로 아시아공동체 구상에 대한 관심이 높아졌는데 이에 대한 관심을 선도한 것은 한 · 중 · 일을 중심으로 하는 '동북아시아공동체' 구상이었다. 박제훈 교수는 이것을 힌트로 '아시아공동체' 구상에 대한 연구를 2001년부터 시작했다. 2003년에는 한국 정부에 '아시아공동체 구상'을 제안했지만, 묘하게도 그때 한 · 일 역사문제 인식의 차이에 따른 일본 측의 야스쿠니 신사 참배 문제, 독도 영유권 문제가 불거졌고, 중국도 추이를 살피는 상태였기 때문에 이 제안은 진전을 보지 못했다고 당시를 회고하였다.

박제훈 교수는 그 후 2009년 신문기사를 보고 원아시아재단의 활동을 우연히 알게 됐고, 바로 직접 재단에 연락을 취하였다. 그리고 사토(佐藤) 이사장이 한국을 방문했을 때 서울에서 만났다. 박제훈 교수는 재단의 활동에 공감하는 부분이 많아 재단을 위한 적극적인 협력을 약속하였다. 몇 달 후 일본을 방문하여 도쿄에 있는 원아시아재단에서 구체적 협력방법 등에 대한 미팅을 가졌다. 이로써 협력관계에 대한 실질적인 걸음이 시작된 것이다.

2011년 9월 도쿄에서 열린 원아시아재단 주최 제1회 원아시아 컨벤션에 이어 2012년 9월에는 인천에서 제2회 국제회의가 개최되었다. 인천에서 개최되는 것이라 박제훈 교수는 그 준비를 혼자 다 맡았다. 대회장 섭외, 식사 메뉴의 결정, 주류의 선정에 이르기까지. 일본 스타일인지 한국 스타일인지 선택의 여지를 놓고 고민을 했지만 최종적으로 호스트를 맡은 본인들이 익숙한 한국 스타일로 정했다. 이런 만반의 준비로 아시아 각 지역에서 온 많은 대학교수와 대학생이 모이는 국제회의를 성공리에 마칠 수 있었다.

4. 아시아공동체연구센터 설치로 연구의 극대화 추구

인천대학교의 박제훈 교수와 헤어진 후 호텔을 나왔다. 즐비한 고층 빌딩의 조명과 오가는 자동차 라이트에 비춰진 거리는 찌푸린 구름에 덮여 있던 낮보다 더 밝게 느껴졌다. 노면의 눈은 아직도 녹지 않은 채 추위는 한층 더 맹위를 떨쳤다. 국립 제주대학교 김여선 교수와의 만남이 예정돼 있었다.

그는 국제투자법 전문가지만 '아시아공동체'를 일찍이 대학의 상설 강좌로 개설했다. 강좌는 2012년 3월부터 개설되었지만 한두 번으로 끝내고 싶지 않다는 김여선 교수의 열의가 밑거름이 되어 정기 강좌로 매년 개설되고 있다.

수강생은 소수 인원으로 하여 강좌 내용에 충실을 기하겠다는 방침 아래 처음 수강 등록 학생 80명을 60명으로 자르고 수업에 철저를 기했다. 또 아시아공동체에 관한 국내 · 외 전문가들만으로 강사진을 꾸렸다.

매주 2시간 7주 수업을 하고 마지막에 제출 논문을 1명 또는 2명 팀, 4명 팀으로 나뉘어 논문을 작성하게 하였다. 논문 작성은 지도교수가 직접 지도했다. 논문 내용은 아시아 지역이 넓기 때문에 서아시아, 중앙아시아, 동남아시아를 포함 모든 아시아 지역을 망라할 것과, 아시아의 다양성과 그 조화에 대해서 생각할 것, 이

두 가지 테마를 반드시 포함하도록 했다. 따라서 각각의 논문은 광범위한 연구내용으로 꾸며졌다. 제출된 21편의 논문은 강의 담당교수와 전문가의 자문을 받아 2012년 5월 31일 책으로 출판되었다. "아시아공동체론"이라는 책으로, 한국 국회도서관에 소장되어 있다.

아시아공동체에 대하여 학생들 스스로 관심을 높이고, 또한 다양한 분야의 연구가 필요하다고 생각한 김여선 교수는 2012년 8월21일 대학 내 부설기관으로 '아시아공동체연구센터'를 설립했다. 아시아공동체 강좌는 강의를 담당하는 교수가 아시아공동체에 대한 이해가 부족해서는 안 된다는 생각을 평소 가지고 있었고, 교수들을 이해시키는 것이 더 어려운 일이라는 현실을 반영하여 설립한 것이다. 설립 직후인 10월 10일 주한 인도 대사가 이 연구 센터를 방문하여 인도에 대해 강연을 하였다. 학생들은 물론 30여명의 교수들이 솔선하여 참가했다. 사회자는 강연에 앞서 대통령이 강연하러 왔어도 이렇게 많은 교수들이 모이지는 않을 것이라는 말로 소개를 시작하였다.

2013년 1월에는 대학 개교 60주년을 맞아 강좌를 수강한 우수학생 3명을 선발하여 대학의 장학금으로 해외 봉사단으로, 라오스에 15일간 파견하기도 하였다.

2013년에는 동북아시아와 동남아시아의 교류가 폭발적으로 늘어날 것으로 보고 9월부터는 '아시아공동체론-이슬람 문화의 이

제주대학교 김여선 교수 ▶

해-'라는 강좌를 개설하였다. 김여선 교수는 교류가 확대되면서 점차 다문화와 다양성을 이해하고자 하는 움직임이 본격적으로 시작됐다면서 아시아공동체 창설에 대한 몸부림을 강하게 느끼고 있었다.

5. 궁중요리와 함께한 국제교류

다음날은 전날의 흐린 날씨에 눈이 내리던 것과는 달리 파란 하늘이 펼쳐졌다. 서울 시내 전체가 눈이 쌓여 있어 햇빛이 반사되어 거리 전체가 반짝반짝 빛나고 있었다. 일본으로 돌아가는 날인 한국에서 둘째 날 오후는 가천대학교에서 강좌의 종강식이 예정돼 있었다. 여느 대학에서와 마찬가지로 사토(佐藤) 이사장이 특강을 담당하고 장학금 전달식이 이뤄질 예정이었다.

서울에서 택시로 1시간 정도 달렸다. 서울 올림픽 때 사용되었던 메인 스타디움을 통과하자 서울시를 멀리서 전망할 수 있는 산으로 둘러싸인 교외 풍경으로 바뀌었다. 오후 특강에 앞서 가천대학교 교수와 의견 교환을 하는 오찬 교류회가 예정돼 있었다. 재단활동과 강좌를 개설한 소감을 듣고 관련된 사항을 허심탄회하게 이야기하는 시간을 갖는 것이 목적이었다. 택시는 쌓인 눈이 남아 있는 적막한 주택가의 한 모퉁이에 이르러 멈췄다. 날씨가 맑기는 했지만 녹지 않은 눈 때문인지 밖의 공기는 바짝 얼어붙어 있었다. 예정 시간보다 일찍 도착했기 때문에 시간을 어떻게 보낼까 생각하면서 길을 걷다가 도로 옆에 툭 튀어나온 오두막집 같은 카페를 발견하였다. 일단 문을 열고 들어가니 대학생으로 보이는 젊은이가 아무도 없는 가게에서 멍한 모습으로 맞아주었다. 약속 장소를 아직 알지 못한 상태였기에 앞으로의 일정을 알 수가 없었다. 언제까지 카페에서 시간을 보내야하는지 뻥하니 가슴에 구멍이 뚫린 것 같았던 기억이 아직도 생생하다.

약속 장소는 바로 근처에 있는 하얀 석벽으로 둘러싸여 가람을 연상케 하는 고답적인 모습을 한 건물이었다. 대문을 들어서자 그 앞에는 눈으로 화장을 한 오래된 건물이 하늘을 가린 침엽수 정원목에 둘러싸여 우두커니 서 있었다. 역사의 옛 도시로 타임 슬립을 한 것 같은 느낌이었다. 건물은 가운데 정원을 중심으로 긴 복도처럼 몇 개의 방이 이어져 있었다. 대문을 들어서자 민속 의상을 입은 여성 종업원이 제일 구석에 있는 개별 방으로 안내해 주었다. 테이블과 의자가 여럿 배치되어 있어 한류 드라마에서 본 듯한 풍경이었다. 내부 장식도 전통적인 아름다움과 역사를 느끼게 하는 중후함이 가득하였다.

가천대학교의 정미라, 조현숙, 강숙영 교수와 재단 관계자들이 기다리고 있었다. 동행했던 니시즈카(西塚) 사무총장은 한국어를 할 수 있었고 정준곤 수석연구원도 한국어 원어민이었기 때문에 직접 대화를 했다. 통역이 되지 않는 대부분의 회화를 나는 알아듣지 못하였다. 그러나 일본어를 섞어서 말하는 재단에 대한 이야기, 일본에 대한 이야기, 한국에 대한 이야기, 대학에 대한 이야기 등 특별한 내용이 아니면 어렴풋이 이해할 수 있었다.

식사가 시작되자 화기애애한 분위기로 대화는 점점 활기를 띠기 시작하였다. 식사는 나물요리와 생선요리 등 작은 접시에 떠놓은 것에서부터 큰 접시에 올려 있는 것까지 음식 색깔을 보기만 해도 하나하나 정성껏 만들었다는 것을 바로 알 수 있었다. 먹는 속도보다 요리가 일찍 나와서 큰 테이블은 요리 접시로 가득 메워졌다. 단순하고 담백한 요리가 많았다. 한국의 궁중요리는 이런 것인가, 요리와 접시에 담는 방법까지 흥미를 가지게 되었다.

일본어로 쓰인 설명서를 발견하여 바로 읽어보니 여기는 '필경제(必敬齊)'라고 하는 식당이었다. 조선왕조(15세기)에 건립된 500년 역사를 갖는 전통가옥이라고 쓰여 있었다. 1987년에 문화공보

부에 의해 전통 건축물 제1호로 지정되었다고 한다. '필경제'라고 하는 뜻은 반드시 웃어른에 대해서 존경의 마음을 가지지 않으면 안 된다는 의미인 것 같았다. 건립 당시에 붙여진 옥호라고 한다. 실로 타임 슬립을 한 것 같은 시간과 공간을 즐길 수 있었다.

◀ 가천대학교 강의 장면

가천대학교 장학금 수여식 ▶

6. 설경 속 가천대학교

식사를 마치고 가천대학교 교수들과 승용차로 대학으로 향했다. '필경제'에서는 그리 멀지 않은 곳으로, 간선도로를 잠시 달리니 도착했다.

가천대학교의 교정으로 들어서자 유리 건물로 된 근대식 건물들이 세워져 있었다. 우선은 직원들이 있는 사무실에서 강의 및 장학금 전달에 대한 준비를 했다.

사무실에서 대학을 소개하는 팸플릿 등을 받았다. 사립대학이지만 한국의 의료재단에서 운영을 지원하고 있어 최우수대학으로 선정될 정도로 높은 평가를 받는 대학이었다. 캠퍼스에는 학생들이 화기애애하게 담소를 나누는 모습이 보였다. 체육관에서 농구 연습을 하는 학생도 있었다. 도서관에는 많은 학생이 드나들고 있었고 대학 건물이 밝게 설계되어 있어서 그런지 청결감을 주어 교육환경이 잘 정비된 대학이라는 인상을 받았다.

최근에 일본에서 견학하러 오는 대학도 있다고 하는데 학내 분위기가 일본이라고 해도 이상하지 않을 정도로 일본과 비슷한 점이 많아 친숙한 분위기였다.

종강특강은 계단식 의자가 배치된 콘서트홀과 같은 대회의장에서 진행되었다. 행사장에는 이미 많은 학생들로 가득 메워져 있었다. 수업이라기보다는 강연회와 같은 분위기에서 사토(佐藤) 이사장이 특강을 마쳤다. 이어 성적 우수자가 단상에 올라와 줄을 섰다. 한 사람 한 사람 상장을 수여하고 악수를 나누었다. 수여식은 원활하게 진행되었다. 마지막으로 학생들과 기념촬영을 하였다. 원아시아재단 사무실에는 각 대학에서 촬영된 많은 사진들과 대학에서 보내온 기념품이 장식돼 있었다. 하나하나가 이렇게 대학의 적극적인 노력과 학생들이 아시아공동체에 대해 공부한 증거로 축적되고 있다.

예정된 일정을 모두 마치고 밖으로 나오자 아침에 보았던 맑은 하늘은 이미 어두운 구름으로 덮여 눈이 내리기 시작했다. 오후는 빡빡한 일정이 예정되어 있었기 때문에 서둘러 가천대학교를 떠날 수밖에 없었다.

현대는 인터넷으로 정보를 주고받는 시대다. 학생들끼리의 교류도 SNS(소셜 네트워크 서비스)를 이용하여 인터넷으로 쉽게 할 수 있다. 대학의 강좌 개설이 확산되는 가운데 이런 정보통신기술을 이용한 아시아공동체 창설을 향한 네트워크가 폭발적으로 늘어날 가능성이 있음을 공항으로 향하는 자동차에서 느꼈다. 변화하는 미래에 대한 예감이 왔다.

제 3 장

반둥(Bandung) 원아시아 국제회의

1. 아시아 · 아프리카 회의장의 섭외

아시아공동체 창설이라는 거대한 이념을 내건 원아시아재단의 사토(佐藤) 이사장은 제3회 원아시아재단 국제회의를 인도네시아 반둥, 아시아 · 아프리카 회의가 개최되었던 같은 장소에서 개최하고자 하는 희망을 갖고 있었다. 아시아공동체의 창설과 아시아 · 아프리카 회의(Asian-African Conference)는 이념적으로 공통점이 많다고 생각하고 있었기 때문이다. 아시아 지역의 대학교수들에게 상징적인 메시지를 전달할 수 있을 것이라는 생각이 들었다. 그러나 허가가 날지도 모르는 일이고 그렇게 되면 어떻게 될까 그냥 잠시 생각했던 것에 불과했다.

2012년 1월 중순, 인도네시아 교육대학의 디안니 리스다(Dianni Risda) 교수가 일본을 방문했다. 인도네시아 교육대학은 일본의 츠쿠바(筑波)대학, 군마(群馬)대학, 니혼(日本)대학, 가나자와(金沢)대학, 도시샤(同志社)대학, 나라(奈良)대학, 히로시마(広島)현립대학, 사가(佐賀)대학과 교류를 맺고 있었고 교환학생, 교수교환, 공동연구, 공동출판 등 광범위하게 교류의 실적을 쌓은 대학이었다.

일본어학과에 재직하고 있는 디안니 리스다 교수는 일본어가 능숙하고 성격이 시원시원하며 싹싹한 여성이다. 2011년 9월부터 2012년 3월까지 지원 강좌 '글로벌리제이션과 아시아공동체'를 개설하였다. 재단의 이념에 공감하는 많은 교수 중의 한 사람이다. 강좌는 120명 정도가 수강하는 인기 강좌였다. 일본에서 출장 간 대학교수와 인도네시아 각료가 강의를 맡았는데 대강당이 아니면 수강생이 다 들어가지 못할 정도로 성황을 이루었다. 교육, 역사, 환경, 정치, 경제, 국제결혼 등 강의내용 또한 다양한 분야에 걸쳐 있었다.

일본에서의 바쁜 일정을 쪼개 디안니 리스다 교수가 원아시아 재단 사무실을 방문하였다. 재단 사무국이 다음 국제회의는 인도네시아 반둥에서 열고 싶다는 사토 이사장의 의향을 전달하였다. 디안니 리스다 교수는 바로 그 자리에서 승낙하였다. 3월에 개최 예정이었기 때문에 준비 기간은 4개월 밖에 남지 않았다. 아시아 지역에서 지원 강좌가 급속하게 확산되고 있기 때문에 연구자 등 각국의 참가자는 약 200명을 넘을 것이라고 생각하였다. 국제회의 개최는 초청 업무만도 시간이 걸리고 고생을 많이 해야 한다는 것은 충분히 짐작되는 일이다. 또 참가하는 대학생도 많을 것으로 예상되었다.

국제회의에서 배포될 책자 제작, 국제회의 참가자에 대한 수료

증 준비, 아시아 각국 대학 교수들에 대한 초대장 발송, 인도네시아 반둥까지 항공권 예약, 호텔 예약 등 관계자들은 국제회의 준비에 눈 코 뜰 사이 없는 바쁜 나날을 보냈다.

한편 이러한 준비 작업과는 별도로 재단 활동에 공감하는 여러 대학교수들이 아시아 · 아프리카 회의를 했던 대회장 사용허가를 받기위해 분주하게 움직였다. 노력의 결과 인도네시아 정부 관계자가 재단의 취지를 이해하고 대회장 사용을 허가하는 기적과 같은 일이 일어났다.

2. 아시아 · 아프리카 회의의 의의

제2차 세계대전 후 1955년 침략전쟁을 방지할 목적으로 인도네시아 서부에 위치한 반둥에서 회의가 개최되었다. 아시아 · 아프리카 회의(일명 반둥회의)는 인도네시아, 인도, 중국, 이집트가 중심이 되었다. 대부분의 참가국은 유럽 여러 나라의 식민지에서 독립한 아시아와 아프리카 지역의 나라들이었다. 29개국의 전임 수상 및 현임 수상 클래스가 출석하는 국제회의로 일본에서는 정제계 인사 십여 명이 참가했다.

반둥회의에서는 기본적 인권의 존중과 영토 불가침, 국제분쟁의 평화적 해결 등 평화 10원칙을 채택했다. 또 유럽(백색 인종)에 의한 식민주의가 두 번 다시 일어나지 않기를 요구하였다. 이 회의는 '황색과 검정색의 단결'이라는 이름으로도 불린다.

3. 인도네시아 반둥으로 출국

2013년 일본의 겨울은 예년보다 한층 기온이 낮아 일본해 쪽은 폭설이 이어지는 험한 날씨를 보였다. 인도네시아 국제회의는 3월 23일로 결정되었고, 아시아 지역 많은 대학교수와 관계자가 대회장에 집결하기로 되어 있었다. 적도 바로 아래 위치하는 인도네시아는 열대성 기후로 경유지인 발리 섬 덴파사르 공항에 도착하자마자 입고 있던 코트와 긴 소매 옷을 갈아 입어야만 했다. 공항 건물에서 한걸음 밖으로 나오니 새파란 하늘에서 작열하는 태양광이 쏟아져 어지러울 정도였다. 현지 시간으로 아침 8시였는데 주변 일대가 너무 밝아 야자수 등의 나뭇잎조차도 빛을 내고 있는 것 같았다. 심야 항공편이었기 때문에 수면부족 상태였지만 눈부신 태양빛과 열기에 잠이 한꺼번에 달아났다. 추위에 얼어붙었을 땀구멍에서 일제히 땀이 흘러 나왔다. 아침인데도 관광객이 지나가고 있었다. 서브보드를 가진 일본 젊은이도 있었다. 많은 나라에서 관광하러 온 것 같았다. 사람들은 큰 트렁크를 몇 개나 카트에 싣고 공항을 출입하고 있었다.

남국의 날씨와 오가는 사람들에게서 느껴지는 활기에서 이곳이 인도네시아라는 것을 실감할 수 있었다. 20년 전에 발리 섬을 여행한 적이 있었는데 지금 공항은 그때와 달리 몰라볼 정도로 확장되어 있었다. 오렌지 색깔의 기와와 새파란 하늘의 콘트라스트가 주변 야자수의 녹색과 조화를 이루고 있었다. 덴파사르는 발리 섬의 현관인 만큼 리조트 느낌으로 가득하였다.

비행기를 갈아 탈 때까지 시간을 보내기 위해 공항내에 있는 작은 음식점에 들어갔다. 인도네시아에 가면 우선 이것부터 하리라 미리 정해 놓고 있었던 '빈땅(Bintang) 맥주'를 주문하였다. 말끔한 맛으로 일본인 입맛에 맞는다.

익숙지 않은 더운 공기로 숨을 쉬면서 미리 프린트해 온 반둥에 관한 자료를 읽으면서 점심이 가까워질 때까지 갈아탈 비행기를 기다렸다.

드디어 국내선으로 갈아타고 한 시간 반 정도 날아 반둥공항에 도착했다. 넓은 공항주변은 녹색이 진한 산들로 둘러싸여 있었다. 맑은 날씨였던 덴파사르에 비하면 하늘 전체가 구름으로 덮여 있었다. 그 때문인지 기온이 약간 떨어진 것처럼 느껴졌다. 아마도 산간지역이기 때문에 날씨가 나쁠 것으로 생각했기 때문인 것 같다. 그러나 나중에 인도네시아 교육대학의 학생에게서 11월부터 3월까지는 우기이기 때문에 오후부터는 격렬한 비가 올 것이라는 말을 들었다.

반둥공항은 작은 지방공항으로 쉽게 공항을 빠져나올 수 있었다. 밖으로 나오자 눈앞에는 주택가가 펼쳐졌다. 출입구는 바로 옆에 있었는데 아시아 · 아프리카 회의 개최를 기념하는 네모난 비석이 눈에 들어왔다. 반둥을 상징하는 조형물로 역사적 사실을 전하고 있었다. 원아시아재단 관계자 일행을 마중 나와 준 사람은 인도네시아 교육대학의 남학생이었다. 그는 우리를 공항 근처 공터에 세워둔 대학의 소형 버스로 안내했다. 아시아 · 아프리카 회의가 개최되었던 역사적 건물이 있는 근처 호텔로 향했다. 간선도로에는 셀 수 없을 정도로 많은 자동차와 오토바이가 혼재되어 어수선하게 달리고 있었다. 게다가 오토바이에는 2명이 탄 경우도 있고 3명, 또 가족일 것 같은 부모와 자식 4명이 탄 경우도 있었다. 혼돈스러운 도로 사정임에도 사고가 나지 않다니 감탄스러울 따름이다. 자동차가 신호를 기다리게 되면 음료수와 담배를 놓은 쟁반을 든 젊은이, 나이 든 여성들이 자동차 운전석 유리를 노크하면서 틈을 노려 팔고 있었다. 겨우 몇 분 기다리는 사이임에도 불구하고 몇 사람의 운전자가 물건을 샀다. 더구나 교차로에서 신호를 기다리는 운전자에게는 실제 원숭이를 이용하여 거리 서커스나 춤을 추게하여 팁을 요구하는 사람들도 있었다. 이 사람들에게 팁을 건네는 운전자가 있는 것이 더 인상적이었다. 인도네시아에는 무슬림이 많다는 것은 사전에 알고 있었다. 상부상조의 정신이 있고 종교적 관습이 있기 때문에 이런 장사가 성립되는 것일 것이다.

공항을 나와 15분, 하늘에서는 비가 내리기 시작하였다. 오토바이를 타고 있는 사람들은 당황한 모습도 없이 도로 옆 숲이 우거진 나무 아래로 이동하여 비옷을 꺼내 아무렇지도 않게 입었다. 반둥의 일상을 바라보면서 20분 정도를 달려, 호텔 앞에 도착하니 비는 말끔히 개었다. 버스에서 내리자 습하고 따뜻한 열기가 피부에 와 닿았다.

◀ 반동 국제회의 대회장 외관

반둥 국제회의 대회장 ▶

4. 인도네시아 대학의 적극적인 협력

아시아 · 아프리카 회의가 개최되었던 대회장과 아주 가까운 호텔에는 평소 프런트 외의 다른 장소에 넓은 접수코너가 설치되어 지역의 인도네시아 교육대학, 반둥공과대학, 가자마다대학(University of Gaja Mada) 교수와 여학생 8명이 국제회의 참가자에게 객실 키와 자료를 배포하고 있었다. 무슬림인지 얼굴과 손 이외의 부분을 가리는 습관에서 머리에는 스카프와 히잡(Hijab)을 쓰고 있었다. 외국인 관광객이 많은 덴파사르와는 달리 인도네시아 사람들을 정면으로 마주한 느낌이었다. 사전 준비를 위해 미리 와 있던 원아시아재단 관계자들과 합류하였다. 아는 사람을 해외에서 만나니 이상한 기분이 들었다.

몇 시간 후에는 국제회의 전야제가 성대하게 열릴 예정이었다. 대회장에 가보니 개최국 인도네시아를 비롯하여 한국, 중국, 캄보디아, 스리랑카, 인도 등 아시아공동체를 주제로 하여 재단의 강좌를 개설했던 아시아 지역 14개국 74개 대학의 교수와 관계자 200명 이상이 한자리에 보여 있있다. 서로 면식이 있는 교수끼리 다언어로 교류를 하고, 웃는 얼굴로 대화를 나누는 모습이 여기저기 보였다.

다음날 아침 일찍 아시아 · 아프리카 회의가 개최되었던 건물로 이동하였다. 호텔에서 몇 분 걸리지 않는 곳에 있었고 건물은 하얀색 바탕의 길쭉한 모양으로 양쪽 끝이 원형으로 되어 있었다. 특징적인 것은 국기를 게양할 수 있는 깃봉이 많이 설치되어 있다는 것이다. 현재는 박물관으로 되어 있었다. 이곳에 아침 일찍부터 아시아 지역의 대학 교수들이 많이 모여 있었다. 교통량이 많아 도로를 횡단하는 것이 어려워서 그런지 현지 경찰관이 교통정리를 하고 있었다.

대회장 입구에는 인도네시아 대학생이 정장 차림을 하고 맞이

◀ 반둥 국제회의 분과회의

재단 사무국의 메리트 씨 ▶

했다. 남학생은 검은색 구두에 바지, 재킷은 선명한 하늘색의 복장이었고, 여학생은 검은색 구두와 스커트, 남학생과 같은 하늘색 재킷, 머리에는 검은 히잡을 쓰고 있었다. 꼿꼿이 서 있는 자세는 인도네시아 무슬림 격식으로 무장돼 있었다.

대회장은 하얀 마블 무늬가 드러난 대리석 바닥에 순백의 벽이 천정에 이르러 어묵 모양이 되어있어 분위기는 밝았다. 역사를 느끼게 하는 중후함이 넘치고 단상 정면에는 각국의 국기가 달린 깃봉이 횡렬로 나열되어 있어 국제적 분위기를 느낄 수 있었다. 홀안에는 이 국제회의를 위해 200석 이상의 긴 회의 테이블과 의자가 세트되어 있었다. 참가자들은 자리를 차례대로 메꾸어 나갔다. 인사말과 기조강연이 동시통역으로 이루어졌기 때문에 참가자들은 이어폰을 귀에 꽂고 주의깊게 강연을 들었다. 앞으로의 아시아지역 협력방법에 대해 토론하는 국제회의가 역사적 건물을 대회장으로 하여 개최되는 것은 의미가 크다는 것을 재확인할 수 있었다.

사토(佐藤) 이사장도 단상에서 원아시아재단의 활동이 당초의 예상을 넘는 속도로 아시아 전역에 확산되고 있는 것을 보고하였다. 앞으로 지속적으로 강좌를 지원해 나갈 것이며, 대학생들이 장래 자기 나라를 짊어질 때 쯤에는 아시아공동체 창설이라고 하는 재단의 목표가 실현되어 있을 것이라 전망하였다.

오후는 호텔로 돌아와 둘로 나눠 분과회의를 각각 개최하였다.

만찬회 피날레 ▶

경제와 문화, 역사 등 각 전문분야에서 참가자들의 질의응답이 반복되었다.

5. 일본에 가보고 싶다는 학생

오전 중의 국제회의 일정을 마치고 인도네시아 교육대학에서 일본어를 공부하고 있는 여학생을 통해 근처에 있는 박물관을 안내 받았다. 아시아 · 아프리카 회의를 재현한 실물크기의 인형과 사진을 돌아보면서 일본어가 가능한 여러 나라 교수들과 대화를 즐겼다. 여학생은 일본어를 공부하고 있다고는 했지만 아직 모르는 말이 많아 모든 회화가 매끄럽게 이뤄지지는 않았다. 그러나 어려운 말이 아니면 의사소통하기에는 문제가 없었다. 박물관 견학을 마치고 분과 회의가 예정돼 있어 호텔로 돌아와 점심을 같이

했다.

박물관에서 입수한 팸플릿에는 아시아 · 아프리카 회의의 역사적 배경과 의의 등이 자세하게 설명되어 있었다. 제2차 세계대전 이후 국제연합이 식민지 문제 해결을 위한 대책을 제시할 수 없었던 것을 지적하고 있었다. 반둥 10원칙이 식민지 독립 투쟁의 지침이 되고 있다는 것과 또한 전세계가 협력하여 평화를 추진하기 위한 기본원칙이 되고 있다고 쓰여 있었다. 그 성과는 개최국이었던 인도네시아의 외교사에 지금까지도 찬란하게 빛나고 있다. 당시의 스카르노(Sukarno) 대통령은 연설에서 다음과 같이 선언하였다.

"이 회의에 참가한 우리들은 서로 다른 나라에서 모였다. 사회적 · 문화적 배경, 종교와 정치체제도 다르다. 그 뿐만 아니라 피부색깔도 다르다. 그러나 우리는 식민지 지배라는 아픈 경험을 함께 하였고, 세계 평화를 추구한다는 공통의 강한 의지를 가지고 모였다"

그리고 팸플릿에는 다음과 같은 대통령 연설문이 적혀 있었다.

"아시아 · 아프리카의 지도자들이 스스로 하나가 되어 단결했을 때 아시아 · 아프리카가 번영할 수 있다는 것을 이해하고, 아시아 · 아프리카의 단결 없이는 세계 안전이 보장되지 않음을 이 회의에서 확실하게 증명되기를 바란다. 이 회의에서 인류의 번영과 평화를 달성하기 위한 지침을 제시하고 인류가 나아갈 바를 밝히기를 바란다. 아시아와 아프리카는 변화하고 있다. 아니 그것보다 더 새로운 아시아 · 아프리카를 탄생시켜나갈 것을 희망한다."

스카르노 대통령의 연설문은 역사적 대회장에서 국제회의의 전반부가 개최된 것의 의미를 다시금 확인하는 계기가 되었다.

식사를 하면서 여학생은 장래 일본에 가보고 싶다고 했다. 될 수 있다면 일본에서 일하고 싶다고도 하였다. 그래서 일본어를 공부하고 있다고 했다. 그러면 일본은 어떻게 비춰지고 있을까. 물어보니 아시아 지역에서는 선진국이고 선망의 대상이라고 했다. 전쟁을 모르는 여학생 세대에서는 미래 지향적인 사고가 강한 것 같았다. 인도네시아의 대학생이 일본어를 공부한다는 것이 기쁘게 느껴지는 반면 아시아 지역의 언어를 배우려고 하지 않았던 내 자신이 부끄럽게 느껴졌다. 말이 통하면 의사소통이 가능하고 상대방을 더 잘 알 수 있다. 가보지도 않은 나라의 말을 공부하고 일본인이라는 것을 아는 순간 적극적으로 말을 해 보려는 전향적인 행동에 감명 받았다. 여학생의 희망이 반드시 이뤄지기를 진심으로 응원하고 싶다. 그리고 그 희망이 실망으로 변하지 않게 하는 일본이 되기를 간절히 바란다.

점심시간이라서 그런지 일본 음식에 대해 어떤 음식이 맛있는지가 화제가 됐다. 돼지고기와 알코올이 금지되어 있는 무슬림의 금기사항에 저촉되지 않도록 주의하면서 튀김, 덮밥, 초밥, 스키야키, 냄비요리, 생선요리 등 생각나는 대로 일본음식을 소개했다.

호텔 레스토랑은 뷔페식으로 준비돼 있었다. 일본에서는 본 적이 없는 요리와 과일, 디저트가 많이 놓여 있었다. 두 번째 음식을 가지러 갈 때 여학생이 이끄는 음식대로 가서 인도네시아의 전통요리와 락교(마늘 초절임)와 비슷한 시큼한 식재료에 대한 설명을 들었다. 먹어 본 적이 없는 음식은 먹지 않는 편이었지만 재미있는 설명때문에 과일 몇 개를 접시에 담아 여학생의 눈앞에서 먹어 보였다. 리치(여주)처럼 생긴 과일은 별로 맛이 없어 솔직하게 말하자 쓴 웃음이 돌아왔다. 현지에서는 제일 맛있는 과일이라고 했다. 일본의 밤을 닮은 과일은 더 알 수 없는 맛이었다. 일본에는 밤이라고 하는 아주 맛있는 것이 있다고 손짓 발짓하면서 설명을 했지만 전혀 전달되지 않았다. 밤송이부터 설명하려고 했던 것이 무리수였고 밤이라는 소재가 애초에 너무 어려웠기 때문일 것이다. 분과회의가 시작되기 전까지 아주 충실하고 즐거운 점심시간을 가졌다.

언제나 사람들과 대화는 서로를 이해하기 위한 기본이며 특히 나라가 다른 사람끼리 대화는 서로의 시야를 넓히고, 다른 문화를 서로 이해할 수 있는 지름길이라는 것을 재확인했다.

6. 네트워크 구축을 통한 국경없는 강의의 활성화

반둥 국제회의에서 각 국의 대학교수를 취재할 수 있었다. 취재에서 맨 먼저 알게 된 것은 취재한 대학교수 전부가 원아시아재단의 활동을 찬성하고 있다는 것이다. 또한 이들은 그들만의 네트워크가 확산돼 있어 아시아공동체 창설로 이어지는 대학에서의 강의가 앞으로도 국가와 지역을 초월하여 출장강의라는 형태로 활성화되어 나갈 것 같은 예감이 들었다.

'아시아공동체'에서 교수진은 전도사 역할을 하는 중요한 존재다. 이는 사토 이사장이 강하게 원하는 바이다. 반둥에서 성대한 국제회의는 이를 뒤에서 지원하고 있는 재단 관계자와 인도네시아의 대학교수, 그리고 대학생의 협력이 만들어낸 성과라고 할 수 있다.

이처럼 큰 의미를 가진 국제회의가 무사히 마지막 피날레를 맞이하게 됐다. 만찬 파티에는 멋진 퍼포먼스가 준비돼 있었다. 전통무용과 인도네시아 음악, 엄숙하게 빛나는 민족의상을 입은 많은 여성이 무대 위에서 대나무로 만든 악기로 아름다운 하모니를 연출하였다. 행사장의 참석자들로부터 아낌없는 박수가 끊이지 않았다.

연주가 끝나자 여성이 들고 있던 악기는 각각의 음계로 나뉘어

행사의 참석자들에게 건네졌고 이들은 음악을 연주해 보았다. 이 순박한 연출에 모두 다 흐뭇한 얼굴이었다. 만찬파티는 절정에 이르렀고, 음악에 맞춰 파티장에 있던 전원이 각각의 원탁을 따라 행렬을 만들어 춤을 추며 돌았다.

눈부신 민족의상을 입고 전통적인 화장을 한 여성들과 기념사진을 찍는 모습이 여기저기 눈에 띄었다. 화려한 만찬이었다. 반둥 국제회의가 최고조에 다다른 순간이었다. 참석자 모두의 얼굴에는 국경이 사라지고 원아시아재단의 취지가 공유되었음을 실감할 수 있었다. 아시아공동체 창설을 위한 원아시아재단의 반둥회의는 대성공을 거두고 새로운 출발을 위해 다시 내딛기 시작하였다.

제 4 장

아시아공동체 창설을 위한 공감대

이 장에서는 반둥 국제회의에 참가한 대학교수를 방문하여 아시아공동체 창설을 위한 강좌를 개설한 소감과 성과를 물어본다. 또 아시아공동체 창설을 위한 여러 제안과 더불어 여러 교수들의 에피소드를 소개한다.

1. 일본어교육을 혼자서 일궈낸 캄보디아의 여성 교수

캄보디아에 있는 4개의 왕립대학 중 하나가 왕립 프놈펜대학(Royal University of Phnom Penh)이다. 이외에 왕립대학은 왕립 예술대학, 왕립 농업대학, 왕립 법률경제대학이 있다.

자신이 졸업한 왕립 프놈펜대학에서 일본어를 가르치고 있는 로이 레스미 학과장은 왜소한 몸이지만 소리에 힘이 들어가 있었고 바르고 아름다운 일본어를 구사했다. 로이 레스미 학과장의 노력이 없었다면 캄보디아의 대학에 일본어학과는 존재하지 못했을 것이다. 8명의 일본어 교수를 비롯한 310명의 학생도 없었을 것이다. 지금까지의 험하고 긴 여정에 대한 이야기를 들었다.

로이 레스미 교수가 일본어를 공부하게 된 계기는 대학에 입학한 1994년 후반부터 실시된 일본어 수업때문이었다. 이 수업은 일본 정부개발원조(ODA)의 일환으로 국제협력기구(JICA)가 개설한 강좌였다. 그때의 캄보디아는 TV조차 없던 시절로 정보를 전혀 접할 수 없었던 상태였다. 공부하려고 해도 교과서조차 구할 수 없을 정도였다. 프랑스어와 영어를 동시에 공부하고 있었지만 로이 레스미 교수는 일본이 같은 아시아 지역이기 때문에 일본어가 장래에 반드시 필요할 것이라 믿었다.

자전거나 오토바이 등 '메이드 인 재팬' 제품에 대한 신뢰감이 압도적이라 일본의 이미지는 아주 좋다고 했다.

그러나 비한자권의 캄보디아에서 한자를 공부하는 것은 매우 어려운 일이다. 국제협력기구의 수업에는 440명이 제1기생으로 수업을 받았다. 그러나 교과서도 충분하지 않고 주변에 일본인이 없는 상황에서 대부분 학생들은 일본어가 어렵다는 것을 알고 또 장래가 보장된 것도 아니라고 포기하는 사람이 많았다. 끝내 수강생이 4명으로 줄었고, 여자 수강생은 로이 레스미 교수 혼자 남게 되었다. 그녀는 1997년에 대학을 졸업하고 생물 교사가 되기 위해 1998년 사범학교에 입학하여 같은 해 10월에 졸업했다. 이 때 전기가 들어왔다. 생물교사가 되려고 하던 참에 갑자기 국제협력기구에서 언제까지 일본인을 파견하여 수업을 할 수가 없으니 캄보디아 국내에서 일본어를 가르칠 수 있는 체제를 만들어 보라며,

일본어 교사 제의를 해왔다. 진로 선택에 대한 고민이 커졌다.

망설이고 있을 때 냉정하게 주변을 돌아보니 생물을 지망하는 학생은 144명이 있는 반면 일본어를 지망하는 학생은 겨우 3명뿐이었다. 게다가 다른 2명은 자신보다 일본어 수준이 낮아 가르치기에는 충분하지 못한 수준이었다. 그러나 일본어 선생으로 생활이 가능할지 불안감이 머리를 스쳤다. 땀투성이가 되어 가르쳐준 일본인 선생님의 얼굴이 여러 번 뇌리를 스쳤다. 그와 동시에 이때 은혜를 갚지 않으면 일본어 수업은 중단될지도 모른다는 위기감이 들었다.

1998년 11월 국제협력기구 외부위탁이라는 명분으로 왕립 프놈펜대학에 소속되어 일본어를 가르치게 되었다. 결심을 하게 된 가장 큰 이유는 자신이 하지 않으면 캄보디아에서 일본어를 가르칠 사람이 없어지게 된다는 위기감과 사명감이었다.

왕립 프놈펜대학 레스미 교수 ▶

이렇게 하여 일본어 코스의 전임강사가 되기는 했지만 이것으로 모든 문제가 해결되는 것은 아니었다. 학점 인정이 되지않는 일본어 코스의 수업에는 학생들이 진지하게 공부하려고 하지 않았다.

한편 자신의 일본어 실력을 키우기 위해서 국제교류기금에서 실시하는 프로그램에 참여하여 1999년에 10개월간 일본에서 유학하기로 하였다. 미국, 아시아, 아프리카 지역 27개의 나라에서 450명의 외국인이 참가했다. 국제교류기금 기숙사에서 생활하면서 일본 문화와 원어민과 같은 일본어 습득에 정진하였다.

10개월의 유학생활을 마치고 캄보디아로 돌아왔다. 2002년 대학에서는 학점이 인정되는 정규 일본어학과를 만드는 분위기가 형성되었다. 일본대사관과 국제교류기금에 상담해 본 결과 일본대학에서 석사학위를 받은 사람이 담당하지 않으면 일본어과 신설을 뒷받침할 수 없다는 것을 알았다.

2001년 결혼 후 큰딸을 출산한 직후의 일이였다. 다시 큰 기로에 서게 되었다. 가족회의를 여러번 열었다.

지금 이대로는 캄보디아 대학에 일본어학과를 만들려는 시도조차 없었던 일이 되고 만다. 모교의 은혜를 갚고 싶은 마음도 있었고, 지금까지 열정을 쏟아 온 일본어에 대한 집착도 강했다. 지금 가지 않으면 두 번 다시 기회는 오지 않을 것이다.

그러던 중 큰 기회가 찾아왔다. 같은 대학의 프체난 학장(현재

교육부 장관)이 캄보디아 일본대사관에서 일하는 직원에게 캄보디아어를 가르치고 있었다. 프체난 학장은 대사관 직원의 어머니가 도쿄 세타가야쿠(世田谷区)에 있는 쇼와(昭和)여자대학 대학원에 다니고 있다는 것을 알고 소개시켜 주었다. 이것을 계기로 인연의 고리는 계속 이어지게 되었다.

쇼와(昭和)여자대학의 총장이 캄보디아 대학의 일본어학과 신설에 공감하고 대학원 진학을 허가하였다. 2003년 4월부터 어린 딸을 친정어머니에게 맡기고 홀로 일본으로 건너가 기숙사에 살면서 대학원 공부에 매진하였다. 그 2년간은 캄보디아에 일본어학과를 신설해야 한다는 중압감과 일본어와의 싸움을 반복하는 나날이었다.

2005년 3월. 노력의 결실을 맺어 석사과정을 수료하고 떳떳이 석사학위를 받고 귀국하게 되었다. 돌아오자마자 일본어학과의 교과과정을 만들고 규칙, 교재 등에 대한 회의를 거듭하였다.

그해 5월, 일본어학과 학과장으로 취임하여 약관 29세에 책임자로 임명되었다. 같은 해 10월 2학기부터 일본어학과가 정식으로 신설되었다. 캄보디아에서는 최초의 일본어학과 탄생이었다. 제1기생으로 1학년 85명을 받아들였다. 주위 교수들로부터 격려의 인사말을 많이 받았다.

그러나 신설 일본어학과에 다시 시련이 찾아왔다. F학점을 받아 학점을 인정받지 못하는 학생이 속출하였다. 제1기생을 키워 다음해부터는 제1기생이 후배들을 가르치게 될 것이라는 계획은 보기좋게 물거품이 되었다. 자신도 습득하는 데 어려움을 겪은 일본어인데, 하물며 학생이 1년 만에 쉽게 습득하기란 어려운 일이었다. 따라서 이를 해결하기 위해 본국에서 직접 일본어 강사를 초빙해 오는 등 일본어 교육에 정열을 쏟았다. 2012년 현재는 제8기 학생이 들어와 일본어를 공부하고 있다. 학생 수는 310명으로 늘어났다. 일본어 교수는 일본인 5명, 캄보디아인 8명으로 총 13명이 재직하고 있다. 혼자 개척한 일본어 교육은 십여 년간의 노력 끝에 큰 꽃을 피우게 되었다. 로이 레스미 학과장의 열성적이고 적극적인 자세와 끊임없는 노력의 결과다. 캄보디아의 일본어 교육은 레스미 교수를 빼고는 말할 수 없다. 레스미 교수의 이런 자세는 일본과의 교류를 활발하게 만들었다. 사가(佐賀)대학 문화교육학부와 '아시아 마을 만들기'라는 주제로 공동연구를 하게 되었고, 국제 심포지엄에서 발표를 하는 등 교류를 이어오고 있다. 그리고 2013년 8월부터 원아시아재단 지원 강좌 '아시아공동체론'을 시작하게 되었다.

동남아시아의 학생들과 함께 글로벌한 시점에서 경제, 문화, 역사, 평화에 대해서 함께 추구해 가고 싶다는 포부를 밝혔다. 앞을 향해 묵묵히 걸어가고 있노라면 정치적으로 복잡한 문제가 있어도 반드시 해결의 실마리는 있다. 로이 레스미 학과장도 반둥에서 열린 국제회의에 참가한 교수 중 한명이다.

2. 동남아시아에서 최초로 강좌를 개설한 인도네시아 교육대학

반둥에서의 국제회의 준비를 맡아준 것은 인도네시아 교육대학에서 일본어를 가르치는 디안니 리스다(Dianni Risda) 교수다. 일본 원아시아재단을 방문했을 때 의뢰를 받았다. 반둥에서 개최하는 중요성은 이미 잘 알고 있는 터였다. 옅은 분홍색 히잡을 머리에 두르고 있어 한눈에 무슬림이라는 것을 알 수 있었다. 키는 그다지 크지 않지만 온화하게 느껴지는 동그란 눈이 인상적인 여성이다. 또렷한 일본어 발성을 들으니 믿음이 갔다. 재단 관계자의 믿음도 두텁다.

인도네시아 교육대학은 반둥에 있는 메인 캠퍼스를 비롯해 자와(Jawa) 서쪽 주변 4개의 지방 캠퍼스를 가지고 있다. 교육대학이라는 이름이지만 실질적으로는 종합대학이며 학생 수는 3만 7천명에 달한다.

인도네시아 교육대학은 앞에서 언급했듯이 일본의 대학과 국제교류가 활발하다. 일본의 츠쿠바(筑波)대학, 군마(群馬)대학, 니혼(日本)대학, 가나자와(金沢)대학, 도시샤(同志社)대학, 나라(奈良)대학, 히로시마(広島)현립대학, 사가(佐賀)대학 등 많은 대학과 교환학생, 교육교환, 공동연구, 공동출판 등의 교류를 하고 있다.

재단의 지원 강의는 니혼(日本)대학으로부터 소개를 받아 2011년 9월부터 다음해 3월까지 '글로벌리제이션과 아시아공동체'라는 주제로 강좌를 개설하였다. 120명의 학생이 수강을 신청하여 대강당을 강의실로 사용하게 되었다. 일본의 대학교수 및 인도네시아 각료가 강의를 담당하였다. 교육, 역사, 환경, 언어, 정치, 경제, 국제결혼의 범위에서 아시아공동체에 대해 연구하는 내용으로 진행되어 학생들의 큰 반응을 얻었다고 한다.

학생들로부터 '빈부의 차이, 경제 양극화문제를 어떻게 극복할 것인가', '어떻게 화폐 통합을 이룰 것인가', '국가 정치력의 양극화 문제', '다민족 · 다종교 속에서 어떤 형태로 공동체를 모색할 것인가', '경제적 공동체는 격차가 심하기 때문에 어려울 것이다', '각 나라의 아이덴티티를 존중하면서 공동체를 구축해 나가는 것은 어떨까' 등의 질문이 이어졌다.

디안니 리스다 교수는 '민간 차원의 중립적인 지원 강좌에 대해 국가가 관여하는 아시아공동체 논의는 자국에 유리한 조건을 내걸기 쉬워 어려운 측면이 있다. 학생과 인재를 키워나가는 관점에서 아시아공동체에 대한 관심을 가지게 하는 계기를 제공하고 구체적인 방법이나 아이디어를 발견할 수 있도록 하는 것이 중요하다'는 의견을 제시했다.

또 강좌를 통한 네트워크를 확대시키는 것이 중요하다는 것을 많은 대학과 교류를 통해서 실감하고 있다고 하였다.

인도네시아 교육대학 ▶
리스다 교수

인도네시아는 인도네시아어를 공용어로 하고 있지만, 490여의 민족이 있고, 이에 따른 민족 언어가 존재하는 다민족 · 다언어 국가다. 종교도 이슬람, 크리스트교, 힌두교 등 다양하다. 국토 또한 크고 작은 수천개의 섬으로 구성돼 있어 서로 협조하지 않으면 성립되지 않는 공동체와 같은 나라이다. 이처럼 다양성으로 성립된 인도네시아는 아시아공동체에 대해 학생과 더불어 고민함에 있어 긍정적으로 작용했다고 볼 수 있다.

3. 다양한 분야 전문가들의 교류

인도네시아 반둥 공과대학의 텐디 라마딘(Tendy Ramadin) 교수는 공간설계와 자기 계몽 프로그램을 디자인학부에서 가르치고 있다. 2012년 인천에서 열린 제2회 원아시아 국제회의에 참가한 것이 원아시아재단과의 인연이 되었다. 그때까지도 여러 나라의 사람들과 교류를 해 왔지만 같은 연구 분야의 사람들로 한정되어 있었다. 그러나 국제회의에 참가하여 다양한 분야의 전문가와 의견을 교환하고 교류하는 것의 소중함과 그 의의를 크게 느끼게 되었다. 라마딘 교수에게는 시야를 넓히고 지식을 쌓는 좋은 기회가 되었다.

제3회 국제회의가 반둥에서 열리게 된 것에 대해서 '반둥의 지역과 역사를 여기에서 바로 체험할 수 있어 대환영이다. 한국에서는 국제회의가 개최되었던 영향으로 인해 한국의 여러 대학에서 아시아공동체 창설을 위한 강좌가 개설되고 있다. 반둥의 국제회의를 계기로 인도네시아에서도 강좌 개설이 확대되기를 기대하고 있다'고 희망을 내비쳤다.

지난날 아시아 · 아프리카 회의 때와 지금은 같은 시작점에 있

◀ 반둥공과대학 라마딘 교수

다고 생각하며 아시아 지역의 많은 대학에서 함께 노력해야 하는 필요성도 강조했다.

1955년 아시아 · 아프리카 회의를 기념하여 2005년 반둥에서 아시아 48개국과 지역 그리고 아프리카를 포함한 106개국과 지역이 참가한 아시아 · 아프리카 정상회의 및 기념행사가 열렸다. 장래 아시아 · 아프리카 회의와 같은 역할을 할 기구가 세계 대륙으로 확대되어 나갈 가능성이 있다고 라마딘 교수는 기대에 부풀어 있었다.

최근 동남아시아 지역에서 국제 만화 세미나가 개최되었는데, 동남아시아 어린이들에게 일본 만화가 영향을 미치고 있다는 것은 아주 흥미있는 일이라고 했다.

여러 나라가 각각 특징을 가지고 있는데 이런 차이는 또 다른 개성이다. 그리고 모든 것을 하나로 합쳐서 통일시키면 된다는 것이 아니라 그 국가와 지역, 사람들의 특징, 개성을 키워나가는 발상이 필요하고 서로 다르기 때문에 교류의 의미를 갖는 것이라고 역설하였다.

반둥공과대학에는 10개 학부가 있는데 각 학부에서 강좌를 개설하려고 움직이고 있다. 자기 전공에 구애받지 않고 전공 이외의 것이라도 적극적으로 관심을 갖는 것이 중요하다는 것을 재단 지원 강좌를 통해 재확인하였다고 했다.

4. 역사를 배우는 목적은 평화를 위한 것

인도네시아의 족자카르타(Yogjakarta)에 있는 자카르타(Jakarta) 대학의 누르 아니(Nur Aini) 교수는 1990년부터 동남아시아와 동아시아 등 광역 아시아 지역의 역사를 가르치고 있다. 일본과 한국, 일본과 중국간 역사인식의 차이에서 오는 영토문제에 대해 역사적 사실을 전달해 가는 것의 중요성을 지적하였다. 역사 교육을 어떤 자세로 임하는가의 문제다. 통역을 중간에 놓고 취재를 했는데 심지가 굳은 말투의 여성이었다.

왜 역사적 사실을 추구하고 있는지에 대한 질문에 '인도네시아는 오랫동안 네덜란드 식민지였다. 이후 일본 점령지가 되었다. 옛날에는 억울하고 슬픈 사건들도 있었다. 그러나 과거는 과거. 지금은 지금. 네덜란드인과 일본인에게 증오감을 갖고 대하는 일은 없다. 왜냐하면 역사를 배우는 목적은 평화를 위한 것으로 전쟁을 반복하지 않기 때문'이라고 단호하게 지론을 펼쳤다.

누르 아니 교수는 인도네시아 역사에 머물지 않고 동아시아의 역사와 한국어를 배우기 위해 2002년부터 한국의 한양대학교에 유학하여 2012년 박사과정을 수료하였다. 가르치는 입장이기도 하지만 자신도 국내에 머물지 않고 밖으로 나가 적극적으로 배우고 있었다. 박사과정을 마칠 때 쯤 한양대학교의 김유은 교수에게 원아시아재단을 소개받았다. 이것이 네트워크가 연결되는 계기가 되었다.

인도네시아로 돌아와서 바로 강좌를 신청하여 2012년 9월부터 12월까지 '아시아공동체와 글로벌리제이션의 전개'라고 하는 주제로 개설하게 되었다. 73명의 학생이 수강하였고 수강생의 반응도 아주 좋았다. 73명 학생 중 20명 정도는 반둥에서 열린 국제회의에도 참가했다. 대학이 있는 족자카르타에서 반둥까지는 열차로 편도 12시간이 걸리는 먼 거리였다.

반둥에서 열린 국제회의의 모든 일정을 마친 후 누르 아니 교수는 앞으로 아시아공동체 실현을 위한 활동은 교육을 중심으로 연구와 논문을 아시아 지역의 교수와 학생들이 공유해 나가는 것이 중요하다고 지적하였다. 국가간 분쟁이 아니라 평화라는 키워드야말로 원아시아재단의 방향성을 상징한다고 느끼고 있었다.

자카르타대학의 누르 아니 교수 ▶

5. 이주민 소수민족자치구에 있는 중국의 옌벤(延邊)대학

중국은 지금은 국민총생산(GDP)로 세계 제2위이다. 일본과는 센카쿠 제도(중국명 따오위다오)의 영유권을 둘러싸고 한국과 마찬가지로 관계가 악화된 상태이다. 그러나 원아시아재단의 지원 강좌는 민간차원의 중립적인 활동이라는 것을 이해하고 받아들이고 있다. 중국에서 강좌 개설 대학은 계속 늘어나 30개 대학으로 확대되었다. 베이징(北京)대학, 칭화(清華)대학을 비롯하여 남쪽의 베이징대학이라고 불리는 쑨원(孫文)이 만든 중산(中山)대학 등 중국을 대표하는 대학들도 이 강좌를 개설하고 있다.

지린성(吉林省)의 옌벤(延邊)대학은 2년째 강좌를 개설하고 있다. 29개 학부 79개 학과를 갖춘 종합대학으로 교직원이 2,600명, 학생 수 2만명의 규모를 자랑한다. 권우(權宇) 교수가 담당하는 외국어학부는 영어, 일본어, 러시아 코스로 900명이 배우고 있고 석사과정에는 100명의 학생이 재학하고 있다. 2011년 여름, 중산(中山)대학 교수를 통해서 원아시아재단의 강좌를 알게 되었고 그 해 12월부터 준비에 돌입, 다음해인 2012년 4월부터 강좌를 개설하였다. 아시아공동체 창설을 위한 주제를 '다언어 · 다문화 교육의 연구와 실천'으로 정하여 수강생을 모집하니 100~150명의 학생이 모여들었다. 강의 내용에 따라서는 350명 규모가 될 때도 있었다. 중국의 대학에서 통역 없이 일본어로 강의가 열린 것은 옌벤(延邊)대학 이외는 없었을 것이라고 강좌 성과에 대한 자부심이 대단하였다.

권우(權宇) 교수는 이 외에 2009년 8월에 옌벤(延邊)대학에서 열린 '中 · 日 · 韓 · 北 언어문화 비교연구 국제 심포지엄'에 참가했을 때에도 일본어로 발표한 적이 있다. 그 때 경험을 다시 수업에서 시도해 보았다고 했다.

지린성(吉林省)에 있는 옌벤(延邊) 조선족 자치주는 중국 동쪽 끝에 위치하여 북한과 러시아와 국경을 접하는 지역이다. 100년 전부터 중국인, 조선인, 일본인이 혼재해 살고있는 마을이었다. 현재도 이민에 의한 소수민족 자치구로 되어 있고 권우 교수에 의하면 55개 소수민족이 살고 있다고 한다.

중국에서는 2006년경부터 국내 1600개 대학 중에 중점대학

옌벤(延邊)대학 권우(權宇)교수 ▶

100개를 선정하는 '211프로젝트(211工程)'가 출범하였다. 옌벤(延邊)대학도 이 중점대학의 하나로 선정되었다. 원래 지리적 조건으로 조선민족이 많아 옌벤(延邊)대학은 북한과의 왕래와 교류가 활발하였다. 따라서 한·중관계 연구에도 다른 곳보다는 앞서 있다. 많은 나라와 국경을 접하고 다민족으로 이중언어자가 많다고 하는 지역성을 살려 지역연구와 이문화 교류에 대해 우수한 업적을 내고 있다.

지역의 다민족 사이에는 언어의 장벽이 없기 때문에 확실한 일차적 정보를 공유할 수 있다. 중국내에 산재하고 있는 소수민족을 연구하는 국가전략팀이 교내에 설치되어 있는 것도 이런 이유가 있기 때문이다.

권우 교수는 옌벤(延邊)대학은 글로벌 시대에 대응하는 역할을 담당하고 있다고 자부하였다. 다민족 지역이기 때문에 서로 인정을 하지만 동화되지 않고 한쪽으로 흡수되지 않으며 스스로의 기능을 할 수 있다고 한다. 민족성 교육, 다문화 교육, 다언어 교육이 세 가지가 옌벤(延邊)대학의 교육이념이다.

여기에서 중국의 경제정책과 옌벤(延邊)자치주의 지리적 중요성에 대해서 살펴보고자 한다.

중국에서는 임해지역을 중심으로 하는 계획적인 대규모 개발이 1980년대부터 시작되었다. 남방지역의 주요 도시인 션전(深圳)지역에서부터 시작되어 상하이(上海) 지역이 뒤를 이었다. 두 지역 모두 중국을 대표하는 현대 도시로 고층 빌딩이 숲을 이루고 있다. 세 번째 개발 지역인 베이징(北京)과 톈진(天津) 지역은 첨단기술을 중심으로 개발하고 있어 일본으로 말하면 '도쿄(東京)-요코하마(橫浜)'의 이미지이다. 지금까지 개발은 2010년경까지 대략 완료되었다. 마지막 개발 지역으로 남은 곳이 투먼장(圖們江)개발구이다. 투먼장(圖們江: 한국명 두만강)은 지린성(吉林省) 옌볜(延邊) 조선족 자치주에서 두 번째로 인구가 많은 투먼시(圖們市)와 북한 사이를 흘러 국경을 나누는 강이다. 하류는 러시아를 통해서 동해로 흘러내린다. 참고로 옌볜(延邊)자치주에서는 옌지시(延吉市) 인구가 가장 많다.

옌볜(延邊) 자치주는 중국의 동쪽 끝에 위치하고 있는데 동부에 있는 훈춘시(琿春市)는 바다에서 15㎞ 정도의 내륙에 위치하고 있다. 물자 수송에는 항만을 이용하는 것이 유리하기 때문에 바다를 접하고 있는 북한에 투자를 추진하여 북한 북동부에 있는 나진항의 장기 이용권을 받아 놓은 상태다. 나진항은 부동항으로 식민지 시대에 일본의 구만주로 이어지는 해상 루트로 중시되었던 곳이다. 한국전쟁 때에는 소련에서 북한으로 들어오는 물자를 운송하였던 주요 지역이었다.

권우 교수에 따르면 나진항은 지하자원이 풍부한 옌볜 자치주에서 생산되는 석탄 등의 자원을 상하이(上海)로 해상 운송하는 것 외에도 수출항으로서도 자리매김하고 있다고 했다. 항만이 완공

되면 고속도로와 고속철도 건설도 착수하게 된다. 앞으로 몽골로부터 석유 파이프라인이 매설되면 해외의 공장유치 등 경제적 발전이 기대되고 있다. 따라서 권우 교수는 앞으로 더욱 다언어 · 다문화를 이해할 수 있는 인재가 요구될 것이라고 옌벤(延邊) 자치주의 미래를 전망하고 있었다.

또 이산(離散) 민족이 걸어온 길과 앞으로 걸어 나갈 바를 밝히고 스스로 민족성을 잃지 않고 국가전략에 기여할 수 있는 인재를 육성해 나가겠다는 사명감에 가득 차 있었다. 아시아공동체 연구를 한층 더 높은 수준으로 올리고 싶은 욕심이 생겼다고 했다.

옌벤(延邊)대학은 첫 아시아공동체 강좌를 기초로 아시아공동체 연구의 수준을 올리고 강좌를 지속시켜 나가기 위해 재단에 신청 중이다.

권우 교수는 다언어 · 다민족에 대해서 다른 시점에서 접근할 수 없을까라는 생각으로 새로운 시도를 모색하고 있다. 서로를 이해하는 것을 전제로 다문화사회를 추구한다고 해도 서로의 생활이 풍족해지지는 않는다. 지역개발에 공헌할 수 있는 아시아공동체의 실현 방법이 없을까에 대해서 고민하고 있다.

학생들은 아시아에 대해서 심지어 중국에 대해서도 잘 모른다. 아시아공동체 강좌를 통해 이것에 대한 이해를 높일 수 있었다. 취업활동에도 도움이 되고 사회에 나가서도 도움이 된다. 권우 교수는 지역 경제 발전에 공헌할 수 있는 강좌를 만들고 싶다고 포부를 밝혔다. 이 성과를 바탕으로 정부에 정책을 제안하고 정부의 정책결정에 기여할 수 있는 것이 가장 이상적이라고 하였다. 이익을 혼자 독점했던 과거의 독점자본주의 시대와 같이 만들어서는 안 된다. 서로 이익을 나누고 서로 인정하는 정신이야말로 현대 글로벌리제이션 정신이다.

이런 생각을 하고 있는 권우 교수의 아시아공동체에 대한 연구 중에 몇 가지를 소개하고자 한다. 우선 아시아공동체는 국경을 없애는 것이 아니라는 것이다. 옌벤(延邊) 자치주에는 과거의 이주민 자손이 많이 거주하고 있지만 글로벌 시대에 들어서서는 더 많은 사람들이 이주하기 시작하였고 또 더 넓은 지역으로 이동하게 될 것이다. 아시아 지역에서는 이미 많은 사람들이 이주를 하고 있다. 앞으로 민족간 교류와 사람들의 이동은 더욱 활발해지고 다민족으로 구성되는 공동체가 늘어날 것이다.

옌벤(延邊)은 이주의 역사를 갖고 있기 때문에 다민족성이라고 하는 것에 DNA가 적응되어 있을지도 모른다. 옌벤(延邊)의 다민족성은 이미 정착되어 있지만 앞으로 민족 구성에 변동이 있을 것으로 보인다.

옛날에는 난민이 쉽게 국경을 넘을 수 있었다. 하지만 현재는 국경관리가 엄격하게 이뤄지기 때문에 국경을 넘어가는 이주는 불가능하다. 그러나 앞으로 자유로운 선택으로 이주할 수 있는 기회는 늘어날 것이다. 예술 분야의 작품들이 쉽게 국경을 넘어가는 것처럼 앞으로 사람들은 자유의사로 국경을 넘게 될 것이다.

최근 중국에서는 농촌 인구 감소가 두드러지고 도시로 인구 유입이 가속화되고 있다. 이것은 근대화, 도시화에 동반되는 현상으로 국내에서 인구가 이동하는 것은 중국뿐만이 아니다. 일본에서도 도쿄(東京)로 모든 기능이 집중되고 있어서 해외로 이주하는 일본인도 주변에 존재한다.

권우 교수는 능력이 있는 사람이 모이는 사회를 만드는 것이 국가의 역할이고 능력이 있는 사람이 해외로 나가는 나라를 만들어서는 안 된다고 하였다. 일본은 능력있는 사람을 받아들일 수 있는 개혁이 요구된다고 폐쇄적인 일본에 대한 주문을 마지막으로 덧붙였다.

6. 졸업 후에도 인상에 남는 수업이 되기 위해

반도체 분야에서 한국과 더불어 성장이 두드러진 대만에서 원아시아재단 강좌를 가장 먼저 개설한 곳은 국립 지난(暨南)국제대학이다. 지난(暨南)이란 남쪽을 향해 전달한다는 의미다. 중국의 광동성(廣東省)에도 3만여명의 학생이 있는 같은 이름의 대학이 있다.

대만은 중국과 관계가 복잡하고 국제연합 가입국이 아니며 한국에 대한 라이벌 의식 등으로 대외관계에서 과제가 많은 나라다.

하루아침에 그 방향성을 바꿀 수는 없다. 이런 현실을 감안하여 강좌는 '아시아 일원으로서의 대만'이라는 인식 아래 시작하게 되었다.

일반적으로 정치 분야의 아시아공동체는 외교 영역의 문제로 되어 있지만 대학에서 이 문제를 다룰 때에는 정부 정책이나 국가라는 틀을 넘어야 한다는 방침으로 강좌를 운영하였다. 강사진은 TV나 신문에 자주 나오는 외교관을 초청하였고 일본어, 중국어, 영어 등 다언어로 수업을 진행하였기 때문에 인기 강좌가 되었다. 외국어로 수업하는 자체가 대학에서는 처음 있는 일로 약 80명의 학생이 수강했다. 강의 녹음을 통해 학생의 의견과 논문을 인터넷에 올려 수강하지 못한 학생들에게도 아시아공동체 강좌를 접할 수 있도록 하였다.

2013년 1월 31일 오후 도쿄(東京)의 이케부크로(池袋)에서 비교교육학부 양우쉰(楊武勳) 부교수와 인터뷰를 했다. 일본은 외무성 예산으로 대만의 우수한 고등학생, 대학생, 대학원생 300명을 선발하여 100명씩 세 번에 나누어 일본에 초청하였다. 동일본 대지진 피해 상황과 피해를 입은 동북지방을 시찰하고 교토(京都), 도쿄(東京) 등을 관광하는 '아시아 태평양 지역 및 북미지역과의 청소년 교류' 프로그램이다. 양 교수는 이 프로그램의 일환으로 일본을 방문한 것이었다. 이번 청소년 교류는 '유대감 강화 프로젝트 · 대만'이라는 타이틀 아래 1월 20일부터 2월 3일까지 일정으로 미야기현(宮城県) 북동부 미나미산리쿠초(南三陸町)와 이시마키시(石巻市) 등 지진피해 지역을 방문하는 연수였다. 양우쉰 교수와 인터뷰는 이케부크로(池袋)에 있는 방재관(防災館) 견학이 예정된 일정을 쪼개어 짧은 시간에 이루어졌다.

지진 피해지역을 방문하여 그 지역 주민들과 교류를 통해 일본 신사(神社)가 옛날부터 높은 곳에 있었던 것은 실제 경험에서 높은 곳이 해일에 휩쓸리지 않고 안전하다는 것을 알고 있었기 때문이라는 설명을 들었다고 했다.

거기서 들은 논농사 방법과 염분 피해를 줄이는 방법 등이 인상적이었다고 하였다. 일본과의 경제협력에 무엇인가 할 수 있는 일이 없을까 학생들과 의견을 나누는 가운데 농산물을 해외에 판매할 수는 없을까 생각하게 되었다고 하였다. 학생들도 지금은 인터넷을 활용할 수 있기 때문에 가능한 일이라고 입을 모았다고 했다.

교토(京都) 니시진(西陣) 직물 공장을 견학하고서 중국에서 전해진 기술이 일본에서 발전, 더욱 세련되게 진화하여 부가가치가 높은 제품으로 거듭난 것에 놀랐다고 했다. 이 일행은 교토(京都)에 있는 도시샤(同志社) 대학을 방문하고 학생교류 기회를 가졌다.

일본을 방문하여 일본문화의 유래와 고대부터 중국과 교류의 역사를 배우고 나자 대만에 있을 때 가깝고도 먼 나라였던 일본에

지난(暨南)국제대학 ▶
양우쉰(楊武勳) 부교수

대한 지식이 늘어나 점차 친근하게 느껴지기 시작하였다고 했다. 이번에 일본을 방문한 100명의 학생들 중에 30명은 일본어를 공부한 적이 있다고 했다. 원아시아재단 강좌를 수강한 학생도 2명 포함되어 있었다. 머지 않아 일본에 대한 이해와 관심이 대만에서 확대되어 나갈 것이라고 확신하였다.

양우쉰(楊武勳) 교수는 경제적인 측면에서뿐만 아니라 개인의 아이덴티티 관점에서도 아시아공동체를 바라보는 것이 중요하다고 했다.

양 교수가 생각하고 있는 아시아 지역의 문제는 크게 두 가지를 들 수 있다. 하나는 과거 식민지 지배에 따른 역사적 문제이고 다른 하나는 아시아 지역에서의 국가간의 경제적 양극화이다. 경제적 이익을 서로 다투게 되면 한국과 관계는 협력관계보다는 경쟁관계가 돼 버리기 쉽다고 했다. 그리고 대만에서는 한류드라마가 유행하고 있다. 이전에는 일본 드라마와 한류 드라마 비율이 9대1 정도였지만 지금은 3대7 정도로 한류 드라마가 성장을 하였다고 했다. 아시아공동체를 생각할 때 기본적으로는 경제면에서 추구해 나가게 되지만 그 외에도 주시하지 않으면 안 되는 아이덴티티 문제가 있다.

대만은 지리적 특성으로 일본, 중국, 한국 등 주변 지역과의 인적 이동이 활발하고 동남아시아 지역과도 인접해 있기 때문에 중국을 포함한 근접 국가와 국제결혼은 흔한 일이다. 대학 수업에서도 국제결혼에 따르는 인권문제를 다루고 있을 정도다. 동남아시아 지역 사람들과 대만의 중국인과 결혼으로 태어나는 아이들도 증가하고 있다.

반면에 대만, 한국의 출생률도 그렇지만 일본의 출생률도 낮다. 저출산 고령화 현상이 심화되면서 일본은 심각한 인구 감소가 예상되는 가운데 이주민을 받아들여 국제결혼을 추진하는 것이 앞으로 과제가 될 것으로 보고 있다.

국제결혼은 부모 각각의 아이덴티티를 자녀가 물려받게 되어 가정 내에서 복수 언어를 사용하게 된다. 아시아 지역에 가보면 알 수 있듯이 호텔에서 보는 TV 프로그램은 다언어로 자막이 붙는 경우가 많다. 대만에는 현재 6개의 국내 방송국외에 일본의 NHK 등 100개의 채널을 볼 수 있다. 한편 일본의 TV 프로그램에 다언어 자막이 나오지 않는 것은 일본인이라고 하는 아이덴티티를 강화하려는 의도가 깔려 있기 때문이라고 지적했다. 이것이 일본을 내향적으로 만드는 이유 중 하나일지도 모른다. 아시아공동체를 추구함에 있어서 내향적인 국가주의적 아이덴티티를 가질 것이 아니라 각자가 국제적인 아이덴티티를 가질 필요가 있다.

이런 의미에서도 개방적인 교류의 장이 많이 제공되는 것이 이상적이지만 각자 이해관계를 갖고 있는 어른들의 교류는 제약이 너무 많다. 따라서 어른들이 어색한 교류를 이어가기보다는 이해관계가 없는 학생들의 교류를 활성화시키는 것이 바람직하다는 것을 일본에 와서 다시 느끼게 됐다고 했다.

일본을 방문해서 학생들과 교류를 가지면서 일본이라는 나라를 새롭게 재인식하게 되었다. 책에서 읽은 일본도 아니고 사람들에게 들은 일본도 아니다. 자기 눈으로 확인하고 교류를 통해 알게 된 일본이다. 20년 전 자신은 남에게 듣거나 책에서 읽은 선입견으로 일본을 바라보았다고 했다. 젊은이들에게 교류의 장을 제공하는 것의 중요함을 실감하였다. 지금의 젊은이들이 20년 후의 다음 세대 젊은이에게 상호이해라는 주렁주렁한 열매를 전달하게 된다면 이것이 아시아공동체 창설로 이어질 것이라고 양우쉰(楊武勳) 교수는 강조하였다.

지난(暨南)국제대학은 2013년 2월부터 2년째 아시아공동체 강좌를 개설하고 있다. 이번 강좌는 문화를 중심으로 분석해 나가고 있다. 4년 후 학생들이 졸업할 때 가장 인상에 남은 강좌가 무엇이냐고 물었을 때 '아시아공동체' 수업이었다는 말을 듣겠다는 각오로 운영하고 있다고 했다. 이 강좌에 대한 강한 의지가 엿보였다.

7. 교류를 위한 이중언어자

스리랑카는 생소한 나라이지만 동일본대지진 때 무너진 건물더미를 치우는 부대를 파견하여 부흥 지원에 협력한 나라다. 또한 16세기 이후 포르투갈, 네덜란드, 영국의 식민지였다. 오랫동안 공통어로 영어를 사용해 왔다. 1948년 세이론(Ceylon)이란 이름으로 독립하여 국민의 4분의 3이 신할리인(Sinhalese)이고 타밀인(Tamil)이 그 뒤를 잇는다. 공용어로는 신할리어와 타밀어가 지정돼 있다. 한편 두 민족을 연결하는 언어로 영어가 널리 쓰이고 있다.

재일스리랑카대사관 홈페이지에 소개되어 있는 것처럼 1951년 샌프란시스코 강화회의에 출석했던 리차드 쟈야와르데네(Jayawardene) 내무부 장관(나중에 제2대 스리랑카 대통령)은 독립을 바라는 아시아 사람들의 공감을 잊지 말아 달라고 부처의 말을 인용하면서 연설했다. 제2차 세계대전 후에 일본에 대한 배상청구권도 포기했다. 이것은 일본에 대한 강력한 제재조치를 취할 것으로 예상했던 일부 전승국에 영향을 미쳐 일본이 국제사회에 복귀

하는 데 큰 힘이 됐다고 적혀 있었다.

2013년 4월부터 '아시아공동체와 다민족 · 다언어 · 다문화사회'라는 주제로 강좌를 개설한 켈라니야(Kelaniya)대학의 니말(Nimal) 교수는 언어를 중시여기는 교육이 필요하다고 생각하고 있다. 스리랑카는 일본과 마찬가지로 섬나라이기 때문에 국민들이 외국에 대해 잘 모른다. 민족간 전쟁이 30년간에 걸쳐 이어오다 2009년에 겨우 종결된 상태라 앞으로 스리랑카 발전에 기여하려는 의지가 강했다. 민족간 전쟁을 오랫동안 봐왔기 때문에 민족과 언어 문제에 각별한 관심을 가지고 있었다.

또한 여러 나라의 식민지였기 때문에 유럽 여러 나라와 미국의 영향을 받은 한편 지리적으로는 남인도에 가까워 불교, 크리스트교, 힌두교, 이슬람교 등 다종교가 혼재돼 있다.

사회적, 경제적, 인간적인 발전을 이루기 위해서는 교육제도를 더 열린 체제로 변화시킬 필요가 있다고 말했다.

켈라니아 대학 니말 교수 ▶

특히 말이 통하지 않으면 의사소통이 되지 않기 때문에 다수파와 소수파 어느 쪽도 동등한 사회가 되지 않으면 안 된다고 지적하였다. 이를 위해서 스리랑카에서는 초등학교부터 복수언어를 말할 수 있도록 이중언어자를 육성하고 있다. 니말 교수는 다민족, 다언어라는 어려운 문제를 해결하기 위해서는 의사소통의 수단인 언어를 습득하는 것이 우선이라고 하였다. 언어를 배우면서 지금까지의 고정관념을 버리고 새로운 가치관을 추구해가는 자세가 중요하다고 하였다. 한걸음 진전을 위한 모색이 꾸준히 진행되고 있었다.

8. 국력은 군사력에 비례하지 않는다

원아시아재단의 강좌는 현재 중앙아시아 지역에도 개설되었다. 키르기스스탄에는 2012년부터 두 개의 대학에 개설되었고, 2013년에 두 개 대학이 더 늘어났다. 2013년 2월 1일 비슈케크(Bishkek) 인문대학 이센바이 압둘라자코프(Abdurazakov) 교수가 일본을 방문했을 때 취재할 수 있었다.

압둘라자코프 교수는 전직 외교관으로 재일구소련 대사관에 근무한 적이 있어 일본어가 아주 능숙했다. 일본어로 유머를 펴보이기도 하여 화기애애한 분위기에서 취재를 할 수 있었다. 키르기스스탄은 1991년 에스토니아, 라트비아, 리투아니아의 발트 3국이 소련에서 독립한 것에 이어 여러 지역과 함께 소련으로부터 독립하였다. 독립된지 20여년밖에 지나지 않아 새로운 시대를 만들어가야 한다는 생각을 가진 사람이 많다고 하였다.

압둘라자코프 교수는 큰 나라인 중국과 인도, 일본을 포함한 아시아 지역은 지리적으로 광범위하고, 경제면에서는 나라에 따라 양극화 문제가 심각하며, 정치면에서는 상호이해가 부족하여 뒤틀린 상태라고 아시아의 현황을 설명했다.

나아가 역사인식에 대한 문제도 편향된 시각이 기억에 남으면서 문제해결을 어렵게 하는 면이 있고, 미래 지향적인 관계를 구축하는 데에 방해가 된다고 하였다. 그러나 젊은 세대에는 아시아 지역에 공통의 표준적 가치관을 창출해 나가는 것이 요구된다고 지적하였다. 역사에 대한 공통의식도 중요하지만 문학과 예술 등의 문화적 측면에서 가치관을 공유하는 것도 시도해 보는 것이 아시아 각국간 상호이해를 증진시키는 데에 중요한 일이라고 하였다.

그리고 경제면에서 기술력을 바탕으로 한국, 일본, 여기에 싱가포르, 중국 등의 나라가 큰 성장을 이루었다. 이것으로 보면 국력의 상승을 군사력 증강과 연동시키려고 하는 정신을 바꿔나가야 한다고 강조했다. 자국의 프라이드는 군사력이 아니라 문화로 표출되어야 하고 기술, 과학 등 학술적인 것이 세계에 공헌할 수 있도록 추구해 나가야 한다고 강한 어조로 말했다. 아시아 지역은 세계를 향해 문화적으로 공헌하여야 하는 앞으로의 아시아 역할에 대해서 제안했다.

이를 위한 하나의 방법은 원아시아재단에서 지원하는 강좌 개설에 참여하는 것이었다. 키르기스스탄에서 일본은 인기 있는 나라이고 일본어를 배우려는 학생도 많다. 그러나 일본어를 사용할 기회가 없다. 일본어를 배운 학생이 일본어 사용 기회를 늘려나가는 활동에 재단의 지원을 부탁할 수 없을까라는 의견을 가지고 있었다. 아시아에는 많은 문제가 있고 그것을 극복하기 위해 노력하는 사람들이 많다. 그렇다면 자기가 할 수 있는 일도 반드시 있다고 생각하는 것이 중요하다.

키르기스스탄은 구 소련 시대부터 유럽의 영향을 받았다. 문학 분야에서는 러시아 문학의 영향을 크게 받았고, 아시아 지역과 유럽지역 가운데에 놓여 있어 두 개의 큰 날개를 가지고 있는 셈이라고 지리적 특성을 분석하였다. 그리고 경제 분야는 소련이 붕괴되어 독립했을 때 경제 발전의 모델이 되었던 것은 일본이었기에 아직도 일본을 배우면서 실행해 나가는 일이 많다고 말했다. 물론 다른 아시아 지역에서 배우는 일도 많다.

아시아 지역에도 차이점이 많기 때문에 차이를 서로 부정하지 말고 공통점을 찾고 그것을 주제로 삼아야 할 것이라고 하였다.

현재 일본과 중국, 일본과 한국 사이에 일어나고 있는 영유권

비슈케크 인문대학 ▶
압둘라자코프 교수

문제에 대해 우려를 표명하면서 언제까지 과거 역사에 대한 차이를 논해서는 진전이 없다고 했다. 해결 방법을 모색함에 있어 과오를 반복하는 것은 좋지 않은 일이라고 하였다.

아시아공동체 창설은 꿈같은 일일지도 모른다. 꿈을 100% 달성하는 것은 어렵지만 꿈에 접근해 가는 것은 가능한 일이라며 강좌 개설은 이를 위한 하나의 노력이었고, 이런 자세에 학생들이 많은 관심을 보여 주었다고 하였다.

어떤 일이든 처음부터 잘 되지는 않는다. 현실을 직시하는 것부터 시작하여 새로운 아이디어가 나오고 또 길이 열릴 것이다. 아시아공동체에 이르는 길도 마찬가지라고 하였다. 강좌를 개설하는 것도 중요하지만, 더 중요한 것은 연구를 하고 싶어하는 학생들이 생겨나고 이것이 미래에 대한 새로운 아이디어로 이어지는 지름길이 될 것이라고 했다.

압둘라자코프 교수는 아시아 지역을 하나의 나라로 하는 것은 어렵다는 생각을 가지고 있지만 교류의 중요성은 인식하고 있었다. 차이를 이해하고 서로의 역사와 문화를 보다 깊이 이해함으로써 상대방을 존중하게 되면 견실한 교류가 이루어질 것이라 하였다.

예를 들어 세계에 있는 어린이의 모습은 어느 나라를 불문하고 귀엽다. 다 같은 모습으로 울고, 같은 모습으로 웃으며, 같은 미소를 띤다. 어른이 되면서 정체성이 강하게 형성되고 서로의 차이점을 강조하게 된다. 그리고 자기가 어떤 민족인지 강하게 인식하게 된다. 자기 민족이 세계에서 제일가는 민족이라고 생각하는 순간 세계는 거기서 끝난다. 이런 편견에 의해 분쟁이 발생하기 때문이다. 겸허함이 없는 교류는 무의미하다.

인간은 생각하는 힘을 가지고 있다. 바꿔 말하면 생각하는 힘을 사용하여 문제를 해결할 수 있다. 예를 들어 전원이 아담과 이브의 자식이라고 하는 공통의식을 갖는 것도 좋을 것이다. 압둘라자코프 교수는 이런 공통의식을 이끌어 나가는 것이 중요하다고 역설했다.

9. 왜 아버지는 태평양전쟁에서 목숨을 잃었는가

일본에서도 재단의 강좌가 여러 대학으로 확대되었다. 도쿄도(東京都) 고다이라시(小平市)에 있는 가에츠(嘉悅)대학에서는 강좌의 수강을 학생뿐만 아니라 주변 지역의 주민들에게 넓게 개방하는 수업으로 운영되었다. 시청의 홍보지를 이용하여 주변에 알리고 아시아 지역에서 온 대학교수들을 초빙하여 강사진을 꾸렸다. 2013년 마지막 수업을 제외하고, 도쿄 도내에 사는 중년 남녀 15명 정도가 수강했다.

임대 아파트를 경영하는 중년 여성은 인도네시아에서 온 유학생과의 대화 내용을 심화시키고, 아시아 지역에 대한 지식을 더 넓히려고 참가했다고 하였다. 근래 아시아 지역의 유학생이 증가하면서 서로를 알고 이해하려는 의지가 강하게 드러나고 있다.

가에츠대학 강의장면 ▶

한편 나이가 지긋한 남성은 자신의 아버지는 태평양 전쟁에서 전사했는데, 왜 일본이 전쟁의 길을 걷게 됐는지, 아버지가 왜 목숨을 잃지 않으면 안 됐는가를 알고 싶어서 참가하게 되었다고 동기를 밝혔다.

당시 일본은 유럽 식민지 아래있는 동남아시아 여러 국가의 독립을 지원하였으며, 대동아공영권을 구상하고 더불어 공존공영을 목표로 경제공동체를 확립하려고 했다. 따라서 일본, 만주, 중국을 중심으로 국가연합을 만들려 했다는 이런 역사적 견해도 있지만, 반대로 단지 일본의 식민지화 정책에 불과했다는 견해도 있다. 이런 역사적 인식이 아시아 지역내에서 서로 다르기 때문에 일본의 어떤 교수는 중국에서 '아시아공동체'라고 하면 과거의 대동아공영권을 연상시키기 때문에 더 시간을 두고 연구해야 한다고 지적하였다. 어려운 과제다.

과거의 역사인식 문제는 아시아 국가간 문제일 뿐만 아니라 각국의 국내에서도 역사인식의 이해에 온도차가 있다. 이에 대한 사실관계를 탐구하려는 국민의 의욕도 강하다.

10. 경제협력에 의한 아시아의 외환 방위

와세다(早稲田)대학 대학원에서 아시아 지역 경제문제를 연구하고 있는 중국계 말레시아인 린화성(林華生) 교수가 있다. 2012년 4월부터 7월까지 원아시아재단의 강좌를 개설하여 40명의 학생들이 수강했다. 2013년에도 두 번째 강좌를 개설하였다. '경제에서 본 아시아공동체'라는 주제로 인도, 핀란드, 싱가포르, 인도네시아로부터 전문가를 초빙하여 강좌를 운영하였다.

아시아 지역은 각 나라의 경제발전 단계 및 인구규모의 차이 그리고 국민총생산(GDP)도 크게 다르다. 게다가 자본주의 국가, 사회주의 국가라는 정치 · 사회제도의 차이도 있기 때문에 경제공동체로 통합해 가는 데는 어려움이 따른다.

통합의 구체적인 방향으로 2개국 이상이 체결하는 자유무역협정(FTA) 추진의 흐름을 제시하였다. 특히 1992년에 체결된 동남아시아 국가연합(ASEAN)의 자유무역지역(AFTA)에 수반되는 무역자유화 확대에 주목하였다.

그러나 현 단계에서 경제공동체 형성은 몇 년이 걸릴지 모르고 유럽연합(EU)과 같은 화폐 통합까지 이루어낼지도 불투명한 상태다.

아시아 지역은 1990년대 후반 미국 달러와 연동하는 많은 나라의 통화가 헤지펀드에 팔려 태국과 한국을 비롯한 주변 지역의 경제가 크게 타격을 받은 경험이 있다. 일본에서는 1997년에서 1998년 걸쳐 야마이치(山一) 증권과 홋카이도카쿠쇼쿠(北海道拓殖)은행, 일본장기신용은행(日本長期信用銀行) 등의 대형 금융기관이 연달아 파산했다. 원인은 아시아의 외환위기로 추측된다. 아시아 지역 경제위기 대응 측면에서 아시아 통화 기금 설립 구상이 부각되고, 그 때부터 경제면에서 아시아공동체 기운이 급속도로 고조되었다.

경제공동체 구상은 최근에 부각된 연구 분야이다. 다양한 분야의 많은 과제와 장벽을 헤쳐 나갈 필요가 있다. 자본이동의 촉진뿐만 아니라 무역, 인재교류, 지적재산권의 공유화, 기술 이전의 권리관계 등 어려운 문제가 산적돼 있다.

린화성(林華生) 교수는 실현 가능성이 있는 분야로서 무역 분야에서 사용되는 결제통화를 현행 미국 달러에서 아시아 지역 통화로 바꾸는 안을 제창하였다. 모든 통화를 말하는 것이 아니다. 아시아 여러 나라 중에서 일본 엔(円)과 중국 위앤(元)으로 결제하는 것만으로도 미국 달러에 들어가는 수수료를 절약할 수 있기 때문이다. 이것은 아시아 외환위기에서 얻은 교훈으로 아시아 지역의 외환위기 대응이라는 측면이다.

한편 지역간 협력에 의한 지역발전을 이루기 위해서는 리더십을 갖춘 나라의 역할이 중요하다. 그러나 일본과 한국 또는 일본

와세다(早稲田)대학 ▶
린화성(林華生) 교수

과 중국의 조합은 서로 관계가 악화되어 있기 때문에 진전을 보기가 어렵지 않겠냐는 말을 들은 적이 있다고 하였다. 금융 분야에서는 싱가포르가 영향력을 발휘하고 있고 무역 촉진을 추구하는 인도네시아도 주도권을 잡으려고 하고 있다.

경제 분야에서 공동체를 고려할 때 국가간 알력과 갈등을 극복하지 않으면 안 된다고 하지만, 유럽연합 국가에서 사용되는 유로화가 등장하기까지 50년이 걸렸다고 생각하면, 1997년의 아시아 외환위기에서 50년이 경과되는 21세기 중반에는 경제 분야에서 협력관계도 형성되지 않을까 전망하고 있었다.

11. 그 산에 있어도 산의 모습은 보지 못한다 - 사상교육의 중요성

모든 정보를 미디어에 의존하는 것은 아주 위험한 일이다. 도쿄(東京)대학 교양학부 최학송(崔學松) 교수는 진실에 대하여 스스로 다양한 루트를 개척하고 추구해야만 한다고 생각하고 있다. 커뮤니케이션을 통한 실제 경험에서 얻어진 지식과 사실을 축적해 나가는 것이야말로 사상교육이라고 정의하고 있다.

'그 산에 있어도 산의 모습은 보지 못한다'라는 비유를 들고 설명하였다. 산을 내려와 멀리 떨어져서 보지 않으면 자기가 있던 산의 모습을 알 수 없다. 선입견을 가지고 미디어가 보여주는 것을 그대로 받아들여 진실을 놓치는 경우가 있다.

최학송 교수는 1999년 26세에 중국에서 자비 유학생으로 일본

◀ 도쿄대학 최학송 교수

으로 건너와 이토츠바시(一橋) 대학에 입학했다. 그 후 국비유학생이 되어 언어사회학으로 박사학위를 취득하였다. 일본에 온 지 15년이 되어 간다. 39세의 나이로 도쿄대학, 이토츠바시(一橋) 대학, 와세다(早稲田)대학, 중국의 중산(中山)대학, 옌벤(延邊)대학의 강사와 연구원을 역임하였다.

최 교수의 할아버지는 한국에 살다가 북한으로 건너갔고 다시 만주로 이주하게 되었다. 일본은 섬나라로 외국과 격리되어 있기 때문에 일본인에게 국경 개념을 전달하기가 어렵다. 일본에서는 도쿄도(東都京) 구니타치시(國立市)에서 계속 살고있어서 최 교수의 두 살 된 아이는 구니타치시(國立市) 출신이다. 따라서 이들도 국경이라는 개념도 없고 민족의식도 없이 자라게 될 것이다. 이것은 오히려 자신을 볼 수 없게 되는 것이 아닐까 하는 우려를 가지게 한다. 최 교수는 일본 학생들에게 외국으로 나가 외국인과 소통을 시도함으로써 자신과는 다른 사고를 더 배우고 왔으면 하는 바람을 피력했다.

이토츠바시(一橋) 대학에 유학와서 일본어를 배울 때 일본이라는 나라와 사회를 배우기 위해 접시 닦기, 도로공사 등 다섯 개 이상의 아르바이트를 하며 경험을 쌓았다. 이런 경험이 사회와 소통을 가능하게 하였고 배우는 것도 많았다. 경험도 사상교육의 일환이 된다. 일본인들은 같은 환경, 같은 문화에서 자란 동료끼리만 말하려는 경향이 있다. 그러면 일본의 모습을 발견하기 어렵다고 지적하였다. 다른 나라, 다른 지역의 외국인과 교류하여 다른 문화를 접함으로써 지금까지 보지 못했던 일본의 좋은 모습, 나쁜 모습을 재발견할 수 있다고 하였다.

도쿄대학은 이과계열 학생이 많고 엘리트 학생이 많다. 그러나 이들은 사회 경험이 없다. 아르바이트라도 좋으니 사회와 소통 통로를 만들 것을 학생들에게 권한다.

또 최 교수는 아시아 지역에서의 소통을 심화시키는 것은 영어보다도 한국어나 중국어가 더 유용한 경우가 많다는 것을 조언하였다. 일본 학생은 유학갈 수 있는 기회가 있어도 그것을 활용하려고 하지 않는다. 최 교수는 아시아 주변지역에 대한 관심이 희박하다고 느끼고 있었다.

일본 여권을 손에 들고 자기 발로 외국에 나갈 것, 그리고 유럽과 미국뿐만 아니라 가난한 나라의 같은 세대 사람을 만나 어떤 것을 생각하고 있고, 어떤 미래를 그리는지 토론해야 한다고 목소리에 힘을 주었다.

한반도에는 굶어죽어도 자식에게 교육을 시킨다는 속담이 있다. 큰 나라인 중국과 강한 나라인 일본 사이에 낀 지역적 특수성을 고려한 위기감에서 생겨난 말이라고 하였다. 나라에 따라 교육이 갖는 의미가 다르다는 것을 알게 해준 말이다.

과거 전쟁은 최대의 비즈니스로서 마약, 인신매매와 노예 등의 많은 화근을 남겼지만, 평화로운 비폭력적 공동체에서는 인간의 지혜를 테스트할 수 있다. 이 때 국가나 정부가 주도하는 데에는 한계가 있다. 원아시아재단과 같은 민간 차원이 아니면 비즈니스 모델을 바꿔나가기가 어렵다. 최 교수는 강자가 약자의 것을 뺏는 비즈니스가 아니라, 행복감을 가져오는 사회를 구축하는 일에 대한 기대감으로 아시아공동체의 미래를 상상하고 있다.

12. 중 · 일관계는 우호교류와 협력으로 키워 온 2000년 역사가 있다

중국 대학 중에 아시아공동체 창설을 위한 강좌를 처음으로 상설 강좌로 정착시킨 대학은 중산(中山)대학이다. 중산(中山)대학은 쑨원(孫文)이 설립한 대학으로 유명하다. 이 대학의 웨이즈쟝(魏志江) 교수는 대학의 한국학연구소 소장을 겸임하고 있다. 평소 아시아 지역의 국가간 상호이해를 확대시키고 신뢰관계를 구축해 가는 것이 중요하다고 느끼고 있었다. 강좌 개설은 아시아공동체 창설을 위한 필요한 조건을 모색하는 계기가 될 것이라는 생각 때문이었다. 영토문제와 관련하여 중 · 일관계가 악화되었지만, 중 · 일관계는 우호협력과 교류로 키워 온 2000년의 긴 역사가 대부분이라고 정의하였다. 십여년 정도의 역사인식보다 더 긴 교류와 협력관계가 있었다는 것에 눈을 돌려야 한다. 학술연구를 대상으로 하는 아시아공동체 강좌에 정치를 개입시켜서는 안되고, 또

한 국가간의 정치 · 외교가 학술과 문화 교류 활동을 방해하는 일이 있어서도 안 된다고 강조하였다.

중산(中山)대학이 있는 광동(廣東)지역은 중국의 개혁 · 개방의 최전선으로 문화 분야에서 국제교류가 활발히 일어나는 지리적 특색을 가지고 있다고 말하였다. 따라서 다양한 학술적 견해에 대해 이해하고 존중할 수 있다. 웨이즈장(魏志江) 교수가 재단의 지원 강좌를 개설한 것도 이런 학술 분야에 대한 이해의 배경이 있었기 때문이다. 중국의 국내 · 외 학자와 전문가를 초청한 강좌는 학생들에게 인기가 있었고 좋은 평가를 받았다. 이로 인해 학술교류가 한층 진전되었다고 하였다.

아시아공동체와 유럽연합(EU)의 비교 및 각 지역과 국가가 처한 국제환경과 관계국간의 정치 · 경제적 조건의 이동에 대한 주제, 아시아지역의 통합에 동반되는 지역 발전 가능성에 대한 주제

◀ 중산(中山)대학
웨이즈장(魏志江) 교수

는 학생들에게 공감을 얻었다. 그러나 중 · 일관계의 상호이해를 진전시키는 것과 우호관계를 구축해 나가야 하는 필요성을 이해시키는 노력이 정치적 · 교육적으로 한층 더 요구되는 것을 느꼈다. 이런 이유에서 앞으로도 아시아공동체 강좌를 계속 개설하여야 하는 필요성을 웨이즈쟝(魏志江) 교수는 강하게 느끼고 있었다.

원아시아재단이기 때문에 지원 강좌를 통한 활동이 가능하다. 아시아 지역의 학술 교류를 촉진시키고 아시아공동체 실현을 위한 국제회의나 각 대학 · 연구소의 연대를 통한 아시아공동체 연구 기관의 발전을 바라고 있다. 강좌가 아시아 전체 지역으로 확대되어 나가고, 대학교수를 비롯한 전문가 집단의 네트워크가 확대되는 것은 아시아공동체 창설을 위한 공통인식을 형성하는 데 촉매가 될 것이라고 하였다.

웨이즈쟝(魏志江) 교수는 '아시아의 미래는 평화적이고 이상과 우호정신이 넘치는 호혜관계를 기본으로 하는 국민연대가 되어야 한다. 아시아공동체 강좌와 경제의 자유무역협정(FTA)을 통한 아시아 지역 모든 나라의 국민이 아시아공동체에 대한 인식을 심화시켜 나가면 유럽연합과 같은 공동체를 형성할 수 있다'고 인터뷰를 매듭지었다.

13. '아시아공동체론'에서 '아시아공동체학'으로

유럽연합(EU)과 같은 명확한 이미지를 갖는 공동체 구상이 아니면 아시아공동체 창설을 위한 아이디어는 떠오르지 않을 것이다. 이런 걱정에서 미래의 비전을 제시할 수 있는 큰 틀을 만드는 준비를 시작해 보자는 의도에서 아이치(愛知)대학은 2012년 9월부터 아시아공동체 강좌를 개설하였다. 강좌 코디네이터를 담당한 사람은 국제커뮤니케이션학부의 학부장 스즈키 노리오(鈴木規夫) 교수다.

우리는 아시아를 어떻게 상상하고 있는지 '이미징 아시아(Imaging Asia)'가 주제였다. 중 · 일관계, 한 · 일관계에서 도서 영유권이 문제가 되는 와중에 개설한 강좌였다. 아이치(愛知)대학은 개교 초기부터 국제문화대학을 표방하고 있다. 강좌에 참가한 130명의 학생 중에는 중국, 한국에서 온 유학생이 많이 포함되어 있었다. 영국에서 초빙된 특강 교수는 영유권 문제에 대해 중 · 일관계와 한 · 일관계가 미 · 일관계와 중 · 미관계의 동향에 어떤 영향을 미칠 것인가, 또 세계의 균형 변화에 어떤 영향을 미칠 것인가에 주목해야 한다고 말했다. 중국과 한국에서 온 유학생은 관계 악화에 대해서 당황할 수밖에 없다고 솔직한 심정을 밝혔다. 강좌 개설 후 알게 된 것은 아시아라는 틀 안에서 사고를 해 본적이 없는 학생이 많다는 것이었다. 중국에서 온 유학생 중에는 중국이 세계의 전부로 알고 있었고, 아시아라는 이미지가 희박하다고 하는 학생도 있었다.

강좌를 통해 학생들이 느낀 것은 아시아 지역 여러 국가의 다양성에서 발생하는 많은 상황의 차이를 인식하는 정도로 끝나버린다는 것이다. 이 차이에 대해 어떻게 대응해 나갈 것인가 아이디어를 내는 것은 어려운 것 같다. 아시아 여러 국가 사람들과 소통하지 않으면 상호이해를 위한 네트워크를 구축하는데까지는 이르지 못한다. 따라서 이문화 교류에 대한 경험이 부족하고, 훈련이 부족한 문제를 어떻게 해결할 것인가가 부각되기 시작하였다. 예를 들면 아시아 지역의 학생들이 다 같이 모이는 세미나나 심포지엄을 개최하고, 한 달간 합숙훈련을 갖는 등 체험형 강좌(워크숍)를 도입해야 하는 필요성도 느끼게 되었다고 하였다. 스즈키 노리오(鈴木規夫) 교수는 세계인으로서 국경을 초월하여 사고하는 훈련을 하기 위해 중요한 것은 지성을 닦는 것이라고 강조하였다. 뉴스를 보고 의미를 모르는 수준이면 민족주의적, 국수주의적인 내셔널리즘에 빠질 위험이 있기 때문이다. 늘 미래에 대해 전망을 하고 있지 않으면 배타주의가 되기 쉽다고 걱정하고 있었다. 이런 걱정을 해소하기 위해서는 같은 차원에서 사고할 수 있는 기회를 갖는 것이 중요하다고 하였다.

아시아공동체라고 하는 유연한 네트워크를 서로 이미지하면서 다양성 속에서 공통점을 추구해가는 통일의 존재 방법으로 이슬람 신학의 개념이 참고가 된다. 신이 만들어낸 모든 것의 차이점을 존중한다고 하는 '타우히드(Tawhīd)'라고 하는 교리다. 무슬림 인구가 세계에서 제일 많은 인도네시아를 비롯하여 말레이시아, 중국 서북부, 인도 등 동남아시아 지역에 무슬림이 많다는 것을 생각하면, 이 교리가 아시아공동체를 추진함에 있어서 중요한 개념의 하나가 될 수 있을 것이다.

◀ 아이치(愛知)대학
스즈키 노리오(鈴木規夫) 교수

아시아공동체 창설을 위한 원아시아재단 강좌는 아시아 지역의 많은 대학에 확대돼 나가고 있지만, 아직은 '아시아공동체론'이라고 하는 논고(論考)의 단계이고 '아시아공동체학'이라는 학문에 이르지 못했다고 지적했다. 학문이 되면 중립적인 자세로 '아시아공동체학'을 국가가 제도화하는 것도 가능하지만 적어도 15

년 이상은 걸릴 것이다. 또 이를 위해서 국익을 배제한 평등한 학문으로서 중립성이 필수 조건이라고 하였다.

14. 예술 분야는 많은 공통점이 있다

2012년 11월에 방문한 니혼(日本)대학 예술학부는 2011년 1학기와 2012년 1학기 두 학기에 걸쳐 강좌를 개설했다. 강좌를 신청한 기무라 마사시(木村政司) 교수는 예술이라는 통로를 통해 아시아 지역을 보면 음악, 악기 문화, 역사 등 많은 공통점이 있어, 창조적인 학생에게는 큰 자극이 될 것이라고 생각하고 있었다. 또 장래 학생들이 세계로 날개짓하며 날아오르는 것을 늘 기대하고 있었다.

같은 대학의 다카하시 아키노리(高橋章教) 교수로부터 재단을 소개받아 아시아공동체 강좌를 신청했다. 2011년 수강생이 96명, 2012년 76명으로 큰 인기를 끌었다. 그중 60%가 여학생이었다. 매주 강의 주제는 사진, 디자인, 문예, 연극, 영화, 방송, 미술, 음악 예술관계를 중심으로 하였다. 강사진은 개그맨 콤비 폭소문제(爆笑問題)의 극작가로 널리 알려진 미타니 코키(三谷幸喜), 배우 사토 류타(佐藤隆太), 사나다 히로유키(真田広之)를 비롯하여 각본가 구도칸쿠로(宮藤官九郎) 등 많은 예능 관계자가 참여한 것도 인기를 끌었던 이유 중 하나다.

◀ 니혼(日本)대학
기무라 마사시(木村政司) 교수

언뜻 보면 아시아공동체라는 주제에서 벗어난 강의 내용이라고 생각할 수도 있지만 기무라 마사시(木村政司) 교수는 예술은 국경을 쉬이 초월할 수 있는 분야로 아시아 지역과 소통을 시도함에 있어서 장벽이 낮다고 강조하였다. 일본 가수가 한국, 대만, 홍콩, 중국 등에서 콘서트를 하고, 현지의 많은 팬들이 모여드는 것은 어제 오늘의 일이 아니다. 최근에는 한국의 K-POP이 일본에서도 크게 유행하고 있다. 일본의 애니메이션과 그 캐릭터는 유럽을 비롯하여 이슬람권 국가에서도 인기가 있다. 예술 분야는 여러 종류가 있기 때문에 화제가 끊이지 않는 것도 특징이다. 예술은 그 나라의 언어와 역사에 대한 이해를 넓히는 구심점이다. 한류 드라마가 많은 일본인이 공감한 것은 거기에서 일본의 원풍경이 겹쳐 보였기 때문이라고 기무라 교수는 분석하였다.

사진을 주제로 강의하였을 때에는 종군 사진작가로 유명한 와

타베 요이치(渡部陽一)가 교단에 섰다. 세계의 분쟁 지역에서 촬영한 사진이 갖는 의미를 말하면서, 어떤 전쟁에서도 희생 되는 것은 어린이와 같은 약자들이라고 하는 사실을 알게 된 학생들은 비통함을 느꼈고, 진실을 말하는 사진의 힘에 큰 감명을 받았다고 했다. 전쟁에 의한 비극뿐만 아니라 단지 풍문만으로는 알지 못하는 상대방과 그 민족을 미워하는 부정의 감정은 상대방을 잘 모르는 데서 오는 것이라고 소통의 부족이 가져오는 문제점을 지적하였다.

15. 고쿠시칸(国士舘) 대학에서 건축을 가르치는 미국 국적의 교수

고쿠시칸(国士舘) 대학에서 건축을 가르치는 구니히로(国広) 조지 교수는 자신의 파란만장한 삶을 이야기했다. 어머니는 미쓰비시(三菱) 재벌의 창업자 이와사키 야타로(岩崎弥太郎)의 먼 후손이었다. 아버지가 회사에 근무하고 있었기 때문에 부모님이 미국 국적을 취득하고 있었다. 따라서 구니히로(国広) 교수는 저절로 일본계 미국인이 되었다. 유소년기에는 일본에서 초등학교를 다녔지만 중학교부터는 어머니를 따라 다시 미국으로 건너갔다. 이후 46세까지 30년 이상 미국에서 살았다. 미국은 세계 각국에서 다른 국적을 가진 사람들이 많이 모여드는 나라다. 그의 전공 분야인 건축학 분야에도 유럽이나 아시아 지역에서 온 건축가들이 많이 있다.

건축분야의 구성원 중에 같은 국적인 미국인으로부터 어디에서 왔냐는 질문을 받고 샌프란시스코에서 왔다고 대답하면 의심스러워 했다. 또 도쿄에서 왔다고 하지 않으면 납득하지 않는 억울한 추억이 많았다. 피부색 차이에서 오는 국적의 편견으로 인해 아무렇지 않은 일상 속에서 종종 스트레스를 받았다. 자연스럽게 중국인 등 아시아 지역 건축가와 소통이 늘어나고, 아시아인으로서 자신을 강하게 인식하게 되었다.

인종에 대한 차별 속에서 살아가는 것이 지긋지긋해진 그는 일본으로 이주하기로 결심하였다.

건축 작품에는 국적이 없고, 예술은 세계의 국경을 자유롭게 넘나들 수 있다. 작품 자체는 각각의 지역, 풍토, 기후, 역사, 관습 등과 밀접한 관계가 있지만 글로벌한 미래의 그림도 그릴 수 있다.

우수한 건축가의 공적을 표창하는 프리츠커상(Pritzker Architecture Prize)은 건축계의 노벨상이라고 불린다. 1979년 미국의 호텔 체인 하얏트 호텔 리조트의 오너 프리츠커 일가가 설립한 하얏트재단이 만들어졌다. 예외는 있지만 해마다 한명이 수상하고 부상으로 10만 달러가 주어진다. 수상자는 미국인이 가장 많고 두 번째로 일본인이 많다. 1978년에 단게 켄조(団下健三), 1993

년 마키 후미히코(槇文彦), 1994년 안도 다다오(安藤忠男), 2010년 세지마 가즈요(妹島和世), 니시자와 류에(西沢立衛), 2013년 이토 도요오(伊藤豊雄) 총 여섯명이 수상하였다. 건축분야에서 아시아인이 재능을 발휘하고 있다.

이런 건축 분야의 아시아공동체 가능성에 대하여 인천에서 열린 제2회 원아시아 국제회의에서 구니히로(国広) 교수는 강연 기회를 가졌다. 인도의 역사적 건물, 모더니즘을 도입한 유럽의 근대도시, 풍수를 도입한 홍콩의 고층빌딩, 가까운 곳으로는 도쿄 국제포럼 공간의 사용에 대해서 사진을 이용하여 설명했다. 또 교토(京都)의 료안지(龍安寺)에 있는 가레산수이(枯山水)식 정원 등을 예로 들며 일본의 전통적인 미의식에 대해 말했다. 건축은 완성된 후부터는 점점 낡아지기 때문에 어딘가에 결점을 남겨두고 미완성인 상태로 해 두는 것이 전통미라고 해설을 덧붙였다. 구조적인

고쿠시칸(国士舘) 대학 ▶
구니히로(国広) 조지 교수

건축미, 공간적인 건축미, 동양과 서양의 융합, 역사를 중시여기는 디자인, 주변 풍경의 아름다움을 활용한 건축물 등 이야기가 끊이지 않았다.

건축은 많은 나라와 지역, 역사에서 배우고 새로운 시대를 반영해 나가는 상징적인 조형물로 지역의 장점을 미래로 연결해 나가는 가치 창조 그 자체다. 나라의 풍토와 습관 등 많은 차이를 서로 인정하는 훌륭한 예술이라고 말할 수 있다. 구니히로(国広) 교수는 건축이 가진 잠재 가치를 국경을 초월한 공통 재산이라고 하였다.

제 5 장

네트워크를 확대하는 원아시아의 헤럴드(Herald)

이 장에서는 아시아 각국의 대학에서 원아시아재단의 아시아공동체 강좌를 담당한 대학교수들이 관계자와의 상호교류를 통해 재단 취지를 전파해 나가는 활동을 소개하고자 한다. 일부의 후일담은 다른 장과 중복되기도 한다.

원아시아재단의 아시아공동체 강좌에 대한 움직임은 2010년에 시작되었지만 현재 급속하게 확대되어 있다. 재단의 사토(佐藤) 이사장은 오래된 자신의 철학적 탐구의 결과 인종, 민족, 국적을 초월한 인류의 공존이라고 하는 보편적인 것에 대한 깨달음을 얻기에 이르렀다.

1. 사토(佐藤) 이사장의 철학

원아시아재단이 강좌 지원 형태로 아시아공동체 창설을 위한 움직임을 시작한 계기는 대학교수들과 교류를 통해 대학이 안고 있는 문제를 알게 된 데서 비롯됐다. 한 가지 테마를 정하고 교수가 수업을 하고 싶다고 생각을 해도 대학의 예산을 따오는 것은 지극히 어려운 일이다. 아시아공동체라는 주제에는 많은 교수들이 공감했지만 대책이 없었다. 그리고 대학들은 다른 대학과 교류에 소극적이었다. 굳이 말하자면 대학들이 보수적이고 내향적이라는 것을 알게 되었다. 재단이 강좌 개설에 따른 비용을 지원하면 교수가 안고 있는 예산 문제를 해결할 수 있다. 그리고 대학의 기존 관행을 개혁하는 것에도 일조할 수 있을 것이라는 생각이 들었다.

사토(佐藤) 이사장은 고등학생 때부터 '자아란 무엇인가', '인간이란 무엇인가', '생명이란 무엇인가', 또 '실체란 무엇인가'라는 의문을 갖고 있었다. 그러나 이것들은 간단히 답을 구할 수 있는 것들이 아니었다. 자기를 아는 것에 대한 관심은 그 후 철학적 탐구로 발전해 나갔다. 많은 문헌을 읽고 여러 나라의 전문가와 의견을 나누면서 탐구의 길을 계속 걸어왔다.

그러던 중 약 2700년전 그리스 중부의 파루나소스 산 남쪽 기슭에 세워진 델포이(Delphi) 신전의 입구에 새겨진 3개의 격언 중 하나인 '너 자신을 알라'라는 그리스어 문구를 보게 되었다. 당시 7현인(賢人)의 한사람인 탈레스(Thales)(B.C 624-B.C 546)라는 철학자의 말이다. 후에 아리스토텔레스(B.C 384-B.C 322)는 현인 탈레스를 철학의 아버지라며 경의를 표했다. 자아란 무엇인가라는 주제는 고대 그리스 철학자 사이에서도 큰 관심사였고, 각자에게 주어진 명제를 가지고 마주하지 않으면 안 되는 문제였다.

사토(佐藤) 이사장은 이런 주제를 파헤쳐나가다 보면 미래로 이어지는 문이 열리게 될 것이라는 믿음을 얻게 되었다. 아시아공동체 창설은 터무니없다 싶은 목표였지만 희망을 가지고 임하게 되었다. 살아나가는 데 보편적인 테마, 국적을 불문하고 과거에서 미래에 이르기까지 인류 공통의 테마와 마주함으로써 새로운 전기가 열리게 된다. 이런 발상에서 이루어진 세계관은 필연적으로 '원 아시아', '원 월드'로 귀착하게 되었다.

2. 장벽을 '졸업'하고

철학적인 테마를 추구해 나가다 보니 사람들이 무의식중에 몇 개의 장벽을 방패로 삼고 사람을 상대하고, 생활하고 있다는 생각이 들게 되었다. 장벽은 대략 3개가 있었다. 하나는 자기 이익과 주장을 주장함으로써 생겨나는 자기와 상대방 사이에 존재하는 '자기의 장벽'이다. 두 번째는 자기가 소속하는 기업이나 단체에서 다른 단체 사이에 존재하는 '기업 · 단체의 장벽'이다. 기업에는 내부 조직간 장벽도 존재할 것이다. 마지막으로 '나라 · 민족간의 장벽'이다. 이것들은 이해관계가 상반되기 쉬운 곳에서 서로를 가로막는다. 기업 이익, 국가 이익이라는 말에는 장벽 안쪽에 있는 사람에게 유리한 조건으로 결정하고 마치 그것을 바람직한 것으로 여기는 발상이 반영되어 있다. 이런 자기, 국적, 민족에 이르는 장벽으로 사회와 세계 질서는 구축되어 있다.

오늘날 도서의 영유권이 일본과 중국, 일본과 한국 사이에서 문제가 되고 있다. 이것은 바로 국가의 장벽에 의해 나타난 큰 문제라고 할 수 있다. 일본과 러시아 사이에 일어난 북방영토 문제도 마찬가지다. 서로 자기와 자기 나라의 이익을 주장하면 이런 문제는 해결되지 않는다.

이런 국가간 영토문제가 눈앞의 현실로 닥치면 아시아공동체 창설은 허황된 꿈에 지나지 않는다는 생각이 든다. 아시아공동체 창설에 대한 모색은 이제 겨우 시작된 것에 불과하다. 따라서 가능성이 없다고 할 것이 아니라 오히려 희망을 가지고 돌입할 수 있다. 아시아 지역에 존재하는 모든 문제를 단기간에 해결하려고 하는 것이 아니다. 국가통일이나 민족통일을 제국주의 노선에서 진행하고자 하는 것도 아니다. 인류의 안녕과 미래에 대한 신뢰에 바탕을 두는 활동을 하자는 것이다.

각 대학에 개설된 아시아공동체 강좌의 마지막 수업에 일정이 허락하는 한 사토(佐藤)이사장은 단상에 오른다. 앞에서 말한 3개의 장벽에 대한 이야기로 수업을 시작한다. 자아의 장벽, 기업 · 단체의 장벽, 국가 · 민족의 장벽이 모든 상황에서 존재하고 있다는 것을 인식하도록 한다. 자기 이익만을 주장하는 것이 어려운 시대가 되었다는 것과 서로 자기 이익을 우선하여 타협하지 못하는 상태에 빠져 있다는 것을 학생들이 인식하도록 설명한다.

이 세 가지 장벽을 제거하는 것은 아주 어려운 일이라고 전제한다. 우선 자기의 이익, 기업과 단체의 이익, 국가와 민족의 이익을 장벽 안에서 서로 주장하고, 주장한 끝에 새로운 경지에 이르고, 이윽고 새로운 시대가 열리는 과정에서 더 넓은 시점에서 장벽을 허물고 미래를 향해 걸어 나갈 수 있는 것이다.

장벽이 있는 국가간 협상을 할 때는 국가 이익이 손해 볼 가능성이 있기 때문에 문제 해결이 어렵고 정치적인 개입도 권력투쟁이 되어 버리기 쉬워 진전을 보기 어렵다. 그러나 영원히 그 문제를 안고 갈 수는 없는 일이다. 언젠가는 해결방법을 도출해 내지 않으면 안 된다. 이때가 장벽으로부터 졸업하는 시기다. 각각의 장벽을 졸업하고 모든 관계자가 더 좋은 상황을 만드는 방법을 생각해 내면 된다. 이로써 바람직한 해결책을 분명하게 도출해낼 수 있다. 장래 장벽을 졸업할 때가 반드시 온다고 믿고 원아시아재단은 꿈과 희망을 가지고 활동을 이어가고 있다.

국가와 지역, 세계의 새로운 존재 방식을 미래의 주역인 학생들에게 맡기고, 이를 위한 학습과 연구의 기회를 제공하는 것이 원아시아재단 지원 강좌의 목적이다.

이런 취지에 공감하는 대학교수에 의해 강의가 개설되고 재단의 취지는 옴니버스식 강좌를 통해서 국경과 민족을 뛰어넘어 언어를 초월하여 전파돼 나가고 있다. 재단의 이런 움직임은 대학교수들의 네트워크가 확대되는 것에 비례해 시작한지 3년 만에 아시아 각 지역에 확대되어 공감하기 시작하였다. 이것은 원아시아재단의 강좌가 자유로운 연구 자세를 보장하고 국익을 대변하지 않고 기업이름과 사람이름을 내걸지 않는다는 중립적인 위치에 있기 때문일 것이다. 현재의 시점과 지식의 틀안에서 사고하는 것이 아니라, 새로운 가치관과 패러다임에서 가치를 창출해 내려고 하는 자세로 변화될 것이라고 원아시아재단은 믿고 있다. 원아시아재단이 이렇게 미래를 신뢰하고 있기 때문에 교수들에게 지지를 받는 것이다.

지금 세대에서는 새로운 논리를 펼쳐나가기가 당장은 어렵다. 새로운 세대에 맡기지 않으면 안 된다. 보다 나은 미래를 위해 학문이 중요하다고 이해하는 전문가를 국내 · 외 외에서 초빙하는 것은 대학과 수업의 활성화로 이어진다. 더욱이 학생들에게 좋은 자극이 되고 사고 발상의 변화를 기대할 수 있다. 네트워크가 확대되고 강좌 개설이 늘어남으로써 패쇄적이던 대학간 장벽이 사라지고, 개방적인 교류가 확대되고 있다. 각국의 젊은 대학생 세대에도 원아시아재단의 정신이 울려 퍼지고 있다.

3. 재단 활동과 인생관이 일치

고쿠시칸(国士舘) 대학 구니히로(国広) 조지 교수와 원아시아재단의 만남은 북경에 있는 칭화(清華)대학에서 아시아공동체 강좌의 마지막 수업을 사토 이사장이 담당할 때 이루어졌다. 칭화(淸華)대학의 객원교수이기도 했던 구니히로 교수는 사토(佐藤) 이사장의 강의를 듣고 이 수업이야말로 자기가 생각했던 것이라고 느꼈다. 강의가 끝난 후 단상으로 올라가 명함을 건네며 강의를 들은 소감을 전달하였다. 앞에서 말한 바와 같이 구니히로 교수는 미국국적을 가지고 오랫동안 미국에서 생활하여 국가의 장벽을 의식하지 않는 생활을 보냈다. 그러나 어떤 계기로 인하여 아시아인의 정체성을 의식하기 시작하였다.

두 사람은 꼭 다시 만날 것을 약속하고 헤어졌다. 다시 원아시아재단과의 인연이 찾아왔다. 원아시아재단은 아시아에서 활동하고 싶다는 구니히로 교수의 생각을 재단의 활동 취지와 같다고 판단하고, 원아시아재단 국제회의의 발표를 의뢰했다. 인천에서 열린 국제회의 분과 회의는 정치 경제, 교육 역사, 문화 예술 3분야로 나뉘어 있었다. 문화 · 예술 분야의 발표를 의뢰하기 위해 재단 사무국에서 전화를 하려고 하는 참에 구니히로 교수로부터 전화가 걸려왔다. 우연이 겹친 것이다. 나중에 구니히로 교수가 재단 사무국을 방문했을 때 '아시아공동체와 건축'이라는 테마로 발표를 의뢰하였다. 이런 인연으로 인천 국제회의에서 발표가 실현된 것이다.

건축학을 전공한 구니히로 교수는 그때까지 자신의 연구 분야 이외의 연구자와 교류가 많다고는 할 수 없었는데, 인천 국제회의에서 정치, 경제, 역사를 연구하는 교수들을 많이 알게 되었다. 대학교수들의 활동을 뒷받침하는 것도 재단 활동의 하나다. 구니히로 교수는 건축을 통해 아시아를 연결한다는 열의 아래 중국, 한국, 베트남 등을 돌아다니고 있다. 이렇게 국가를 초월하여 살아가는 그의 인생관과 아시아 그 자체가 자신의 정체성이라는 그의 열정은 재단의 활동이념과 통하는 것이다.

4. 재단과 대학교수의 이어지는 만남

옴니버스 방식으로 이뤄지는 강좌에 강사로 초빙되었던 대학교수가 자신의 대학에서도 재단의 강좌를 열고 싶다고 희망하는 경우가 많아졌다. 아시아의 화교연구로 널리 알려진 와세다(早稲田)대학 대학원 아시아태평양연구센터의 린화성(林華生) 교수는 말레시아에서 태어난 중국계로 아시아 지역에 넓은 인맥을 갖고 있다. 와세다대학 대학원에 강좌를 개설하여 말레시아, 싱가포르, 홍콩, 중국(상하이교통대학, 외교학원)의 대학교수를 초빙하여 특강시간을 마련하였다. 이와 함께 일본을 방문한 교수들에게 원아시아재단의 취지를 소개했다. 린화성(林華生) 교수는 강좌가 종료된 후에 수강생들을 데리고 해외시찰을 가는 등 적극적으로 아시아 공동체 교육에 관여하고 있다.

니혼(日本)대학의 기무라 마사시(木村政司) 교수와 재단과 만남은 같은 대학에 있는 국제관계학부의 다카하시 후미노리(高橋章敎) 교수와 10년 이상 알고 지낸 것이 계기가 되었다. 다카하시(高橋) 교수와 국제관계학부에서 시간강사를 하고 있던 재단의 정준곤 수석연구원은 아는 사이였다. 다카하시 아키노리(高橋章敎) 교수는 국제관계학부에서 국제교류센터 소장을 맡고 있다. 재단이 지원하는 아시아공동체 강좌를 정준곤 수석연구원으로부터 이미 들은 상태였다. 국제교류센터 소장간의 연결로 예술학부의 국제교류센터 소장이었던 기무라 교수에게 강좌 개설의 운을 떼었다. 문부과학성을 경유하여 재단에 대해 이미 알고 있었기 때문에 일이 빠르게 진전되었다. 더욱이 예술학부장이 강좌에 대한 기대가 커서 강좌 개설이 신속하게 결정되었다.

당초 예술학부의 강좌에 수강생이 모일지 걱정이었다. 그러나 아시아에서뿐만 아니라 미국에서도 저명한 전문가를 초빙하여 수업을 진행하자 걱정은 기우에 불과했다. 재단의 활동과 강의 내용을 취재하려고 방송국이 취재하러 올 정도였다. 방송국에서 취재를 왔을 때 강의 주제는 중국 경극(京劇)과 일본 가부키(歌舞伎)를 비교하고 공통점을 찾는 내용으로 100명이 넘는 수강생이 모여 있었다.

그 후 니혼(日本)대학은 홈페이지에 원아시아재단의 활동을 적극적으로 소개하고 재단의 협력자가 되었다. 재단 강좌를 개설한 것이 대학 홍보로 이어지는 효과를 보았기 때문이다. 기무라(木村)

교수는 학생에게 인기가 있는 수업이라는 내용으로 지하철 차내 광고에 강좌를 소개하고 싶다는 의욕을 보이고 있다. 또한 그는 인천에서 열린 국제회의의 분과회의 사회자로 활약했다.

5. 해외에서 확대되는 대학교수들의 인연

니혼대학 국제관계학부 다카하시 아키노리(高橋章教) 교수는 중국 허난성(河南省)에 있는 허난(河南)대학과 상해시의 통지(同濟)대학에서 강의를 맡고 있었다. 허난(河南)대학에서 니토베 이나조(新渡戸稲造)에 대한 강의 요청이 있었고 통지(同濟)대학으로 부터는 서양사상사를 담당해 달라는 요청이 있었다. 유대교, 크리스트교 등 종교사와 로마 사상사를 전공하였기 때문이다. 메이지 시대 이후 일본인들이 어떻게 서양사상을 수용했는지에 대한 강의를 하였다. 학생들은 배움에 대한 의욕이 강했다.

허난대학에서 강의가 끝난 후 대학 관계자는 허난성(河南省) 뤄양시(洛陽市)의 남쪽을 흐르는 이허(伊河)강 양쪽 기슭에 있는 룽먼석굴(龍門石窟)로 안내해 주었다. 룽먼석굴은 유네스코 세계유산으로 등록되어 있다. 마찬가지로 세계유산인 천지(天地)의 중앙에 있는 덩펑(登封) 사적군을 구성하는 숭산(嵩山) 소림사(少林寺)에서 유명한 무술 소림권을 견학했다.

유럽이 유럽연합(EU)을 중심으로 하나가 되어가고 있듯이 정치, 경제, 문화 각 영역에서 국경을 초월한 보편성을 추구해 나가면 일본의 국제화도 앞으로 크게 진전을 보게 될 것이다. 이미 학생들과 대학교수들의 국제교류는 활발해졌다. 다카하시(高橋) 교수 자신도 베이징(北京)대학, 허난(河南)대학, 통지(同濟)대학의 교수들과 학술교류를 넓혀나가고 있다. 영유권 문제 등 국가간 문제에는 거의 관여하지 않고 교류하고 있다. 역사인식을 넘어서 서로 인정하는 것의 중요성을 통감하고 있는 것이다.

다카하시(高橋) 교수는 자신의 네트워크를 활용하여 미국, 인도, 이집트, 뉴질랜드 등에도 원아시아재단의 활동을 소개하였다. 아시아공동체 창설을 주제로 하는 재단의 설립 취지와 교육 분야에서 아시아공동체 강좌라고 하는 실천적인 활동을 높이 평가하고 있기 때문이다. 언젠가는 '원 아시아'가 '원 월드'로 이어질 것이라고 느꼈다.

원아시아재단 사무국의 정준곤 수석연구원과 알고 지내는 제주대학교의 법학박사 김여선 교수는 재단이 출범할 때부터 아시아공동체 강좌를 개설했다. 당시에는 미국에 있는 대학의 객원교수로 2년간 부임하고 있었다. 자신이 한국으로 돌아가면 꼭 개설할 것이니 그때까지 기다려 달라는 메일을 재단 사무국에 보냈다. 강좌 신청서는 미국에 있는 동안 주도면밀하게 작성을 마친 상태였다.

한국에 돌아온 2012년 3월부터 강좌가 시작되었다. 신문사 사장, 대통령 선거에 출마했던 후보자 등 화려한 강사진을 구성하였다. 학생들의 관심을 끌었을 뿐만 아니라 대학내에서도 높은 평가를 받았다.

이 강좌가 계기가 되어서 아시아공동체에 대한 관심을 학내 교수들과 공유하게 되었다. 그 결과 역사, 법률, 문화 등 다양한 분야를 연구하는 교수 30명이 모여 교내에 '아시아공동체연구센터'를 설립하였다. 제주도라는 지정학적 조건 때문에 교내에서는 아시아공동체 연구에 대한 큰 비전과 위치를 부여하고 있다. 현재 재단의 강좌 개설을 큰 프로젝트로 다루고 있고 대학 학장도 연구의 발전에 큰 관심을 보이고 있다.

제주대학교는 재단이 아시아공동체 강좌의 지원을 시작하면서부터 '아시아공동체론'이라는 강좌를 상설 강좌로 정착시킨 최초의 대학이 되었다. 많은 교수들이 노력해준 결과 열매를 맺게 되었다.

김여선 교수는 지금까지 한국의 여러 대학에서 아시아공동체 강좌를 담당하고 있다. 제주국제대학교에도 강좌를 소개하여 연구센터의 교수들이 강의를 담당했다. 지금은 제주대학교 내에 머무는 것이 아니라 활동의 범위를 점차 외부로 넓혀가고 있다.

제주대학교 아시아공동체연구센터 10명의 교수는 재단이 반둥에서 개최한 국제회의에 자비를 들여 참가하는 등 여러 나라의 교수들과 교류의 기회를 가졌다. 이를 계기로 제주대학교는 인도네시아 교육대학과 자매결연 협정을 맺게 되었다. 두 대학은 앞으로 활발히 학술교류를 하게 될 것이다. 이것은 반둥에서의 국제회의 종료 후 인도네시아 교육대학의 디아니 리스다 교수가 재단에 말해 알려졌다. 국가를 초월한 대학교수들의 네트워크가 가져온 큰 성과다. 김여선 교수는 앞으로 중앙아시아, 동남아시아와의 교류를 넓혀나가고 싶다는 의욕을 보였다.

2014년 8월에 제주대학교 아시아공동체연구센터가 중심이 되어 아시아 지역 전체가 참가하는 국제회의를 준비하고 있다. 국제회의는 지금까지 제1회는 도쿄, 제2회는 인천, 제3회는 반둥에서 개최되었다. 제주도에서 개최되는 것은 제4회가 된다. 아시아 지역 중에서 아시아공동체 연구에 가장 적극적인 대학이 중심이 되어 치러지는 국제회의가 된다. 많은 대학교수들이 기대하고 있다. 이 국제회의에는 널리 아시아 지역에서 400~500명의 대학교수들이 참가할 것으로 예상하고 있다.

제주대학교 아시아공동체연구센터는 국제회의의 성공적 개최를 위해 도지사, 시장 등 지역 인사들에게 아시아공동체의 의의를 설명하고 있다. 또한 솔선하여 아시아공동체 연구를 제주도라는 지역과 함께하는 활동으로 발전시키고 있다. 제주대학교는 재단 지원에 의한 강좌로 끝나는 것이 아니라 강좌를 상설화하고 연구센터를 설립하였다. 또 아시아 지역의 대학과 자매결연 협정을 체결하고 지역과 함께하는 활동을 추진하는 등 선구적인 사례가 되고 있다. 이런 정신의 물결은 열정을 가진 한 교수로부터 시작된 것이라 감명을 주고 있다. 김여선 교수는 중국어와 영어를 잘하여 그 활동이 학내에 머무르지 않는다. 아시아공동체의 헤럴드(Herald)의 역할을 충분히 발휘하고 있다.

6. 원아시아의 헤럴드(Herald)

오하이오 대학에서 박사학위를 받은 인천대학교 박제훈 교수는 한국을 대표하는 경제학자이다. 인천시에 있는 아시아 경제 공동체 포럼에서 활동하고 있다. 박제훈 교수가 아시아공동체 창설을 위한 활동에 열의를 쏟을 수 있는 것은 부인의 뒷받침이 있기 때문이다.

박제훈 교수는 재단의 활동을 소개받아서 안 것이 아니라 신문기사를 통해서였다. 그 후 부부동반으로 재단을 방문하여 자신도 같은 생각을 하고 활동하고 있으니 서로 협력 관계를 맺고 싶다고 제안했다. 인천대학교는 학생들의 영어 스피치 실력을 다투는 '아시아공동체 모의총회'를 개최하고 있는데 우승자에게는 외교부 장관상이 주어진다. 원아시아재단은 재단 이사장상도 마련하였다.

이런 경위로 인천대학교에서도 국제통상학부에서 강좌를 개설했다. 재단은 예산뿐만 아니라 인재 파견, 강사 소개 차원에서 태국의 대학교수를 소개하는 등 강좌를 지원했다.

박제훈 교수는 활동적이라 한국 가톨릭대학교에 원아시아재단을 소개하였다. 박교수의 이러한 재단 활동을 높이 평가하여 사토(佐藤) 이사장은 유럽연합(EU) 탄생의 아버지 장 모네(Jean Monnet)를 따서 아시아의 장 모네가 될 것이라고 경의를 표했다.

일본 후쿠오카(福岡) 현립대학에 유학한 경험이 있는 인도네시아 교육대학의 디안니 리스다 교수는 앞에서 말한 대로 반둥의 국제회의 준비를 혼자 담당하였다.

인도네시아 연구자 요시다 마사노리(吉田正紀) 니혼(日本)대학 교수가 디안니 리스다 교수를 소개한 것이 재단과의 인연이다. 니혼(日本)대학이 개설한 강좌가 끝나고 열린 리셉션 장소에서 소개한 것이다.

2011년 7월 7일 동경에서 열린 제1회 국제회의가 예정되어 있었는데 이때는 강좌를 개설한 대학이 적어서 되도록이면 많은 대학 교수들을 초청하는 방침이었기 때문에 디안니 리스다 교수를 초청한 것이다. 그 때 사회자로부터 지명을 받아 이번 국제회의에서 신선한 자극을 받았고 앞으로 인도네시아에서도 활동하고 싶다고 포부를 밝혔다.

다음날 리스다 교수는 바로 재단 사무국을 찾아와 재단의 활동, 강좌 취지 등의 설명을 들었다. 그 자리에서 강좌 개설의 취지에 찬성하고 준비에 들어갔다. 강좌는 지체없이 개설되었다. 디안니 리스다 교수에 의해 재단이 지원한 강좌는 반둥공과대학, 인도네시아대학으로 확대되었다. 디안니 리스다 교수는 동남아시아 지역에도 적극적으로 재단 활동을 알리고 있다. 그 결과 태국, 인도, 스리랑카, 싱가포르, 베트남에서 강좌가 예정되어 있다. 여기서도 열정을 가진 헤럴드(Herald) 한 사람의 활동에 의해 아시아 공동체 강좌가 확대되고 있다.

많은 대학교수들이 헤럴드(Herald), 전령사가 된 원아시아재단의 강좌는 급속도로 확대되고 있다. 디안니 리스다 교수의 노력으로 인해 역사적으로 무게감을 갖는 아시아 · 아프리카 회의의 개최지 반둥에서 아시아 · 아프리카 회의가 열렸던 회의장(현재 박물관)에서 국제회의를 개최할 수 있었던 것이다. 이것은 무한한 의미를 갖는다. 반둥 국제회의에서는 아시아 지역 74개 대학에서 약 140명의 대학교수가 참가했다. 이를 계기로 대학교수의 교류가 활발해 지고 강의를 교환하는 기회도 많아졌다. 디안니 리스다 교수는 그 후 말레시아 국립대학, 말레시아 사라와크(Sarawak)대학에도 강좌를 소개하였다. 강좌는 지금도 확대되고 있다. 인도네시아 교육대학에서는 디안니 리스다 교수의 이런 활동을 높이 평가하여 대학 본부에서는 최고 집행부에 들어와 높은 차원에서 활동의 폭을 넓혀 보라는 제안을 했다. 제주대학교와 같이 아시아공동체연구센터를 설립하는 것도 그중의 하나이다. 디안니 리스다 교수는 솔선하여 동남아시아 지역에서 기폭제가 되어 아시아공동체 창설을 위한 활동의 폭을 넓히고 있다. 그 열정은 점점 뜨거워지고 있다. 일본 대학에서 강의도 예정돼 있다.

7. 불신에서 공감으로의 변화

원아시아재단의 활동은 처음부터 공감을 얻은 것은 아니다. 니혼(日本)대학의 다카하시 아키노리(高橋章教) 교수로부터 소개받은 메카이(明海)대학 고린 히데모토(江林英基) 명예교수를 만나러 마치다시(町田市)를 방문하였을 때, 니시즈카(西塚) 사무총장과 정준곤 수석연구원이 재단에 대해 설명을 해도 잘 전달되지 않았다. 왜 아시아공동체가 필요한가, 어떻게 해서 아시아공동체를 만들 것인가 날카로운 질문이 쏟아져 나왔다.

그러나 후에 고린 히데모토(江林英基) 명예교수는 대만 국립 지난(暨南)국제대학과 국립 정즈(政治)대학에 재단을 소개하는 노력을 아끼지 않았고 적극적으로 재단의 활동에 공헌하게 되었다. 국립 지난(暨南)국제대학에서는 양우쉰(楊武勳)교수가 담당자가 되었다. 꼭 성공할 것이라는 확신이 없는 상태에서 개설하였다. 제1회 강의는 소개자인 고린 히데모토(江林英基) 메카이(明海) 대학 명예교수가 담당하였다. 강좌가 진행됨에 따라 양우쉰(楊武勳) 교수의 이해의 폭이 넓어져 아시아 유수의 대학과 행정기관으로부터 강사를 초빙하게 되었다.

양우쉰(楊武勳) 교수는 인천 국제회의에서 한 · 중 · 일 교육학의 비교를 발표하였다. 강좌를 개설한 이후 학생들 사고의 폭이 넓어지고 수업 내용을 바탕으로 하는 교류가 활성화되는 모습을 보고 '아시아공동체론' 개설에 따른 교육 효과를 실감하게 됐다.

양우쉰(楊武勳)교수는 강좌를 해보니 강의가 즐거워졌다. 다른 대학에서 강의를 해 보고 싶다는 생각을 했다. 재단의 소개로 한국의 가천대학교와 부산대학교에서 강의를 하였다.

2013년 6월 18일 양우쉰(楊武勳) 교수가 중심이 되어 국립 정즈(政治)대학과 국립 지난국제대학이 공동으로 아시아공동체 심포지엄을 개최하였다. 대만을 대표하는 아시아공동체 창설의 공로자로서 연구 분야에서도 한 발짝 앞서나가고 있다.

옌볜(延邊)대학의 권우(權宇)교수는 니혼(日本)대학에서 공부한 경험도 있어 국제적인 감각이 풍부한 사람이다. 많은 소수민족이 살고 있는 옌볜(延邊)의 지역적 특성에서 아시아공동체라고 하는 주제에 처음부터 의의를 부여했다. 자신이 소수민족 출신이기도 했고 지역적 특성도 있어서 여러 언어에 능통했다. 인천 국제회의에서는 '소수민족의 언어교육'에 대해서 발표하였다.

중국은 56개 민족으로 구성되어 있지만 옌볜(延邊) 지역은 교육 수준이 높아 중국의 각 지역으로 우수한 인재를 배출하고 있다. 앞으로 아시아공동체 강좌 개설에 따른 네트워크가 확대되면 교류를 더 넓혀나가려고 하고 있다. 최근에는 니가타(新潟) 현립대학과 공동으로 심포지엄을 개최하였다.

아시아공동체론이 언론에서 적극적으로 다뤄진 경우는 중국 저쟝성(浙江省)이 유명하다. 저쟝(浙江) 공상대학 왕용(王勇) 교수는 옌벤(延邊)대학 강좌에 초빙되었을 때, 원아시아재단을 알게 되어 자신도 강좌를 개설하게 되었다.

옌벤(延邊)은 러시아와 북한과의 관계가 두터운 지역으로 극동지역 아시아공동체 강좌를 넓혀나가는데 중심적인 역할을 해 줄 것으로 재단은 기대하고 있다.

강좌를 개설함으로써 구축된 각 나라 대학교수의 네트워크는 아시아 지역의 여러 나라에 걸친 네트워크로 꼬리에 꼬리를 물어 급속하게 확대되고 있다. 이것은 원아시아재단의 취지에 찬성하고, 그 활동을 높이 평가하는 데서 기인한다.

8. 평화롭고 조용한 혁명이 다음 세대를

대학교수들로부터 원아시아재단의 비전을 질문을 받을 때가 있다. 그때마다 재단의 중립적인 자세에 대해 역설을 한다. 재단이 설정한 어떤 틀 안에서 참가해 주기를 바라는 것은 전혀 없다고 설명한다. 기존의 발상으로는 다음 세대에 맞는 새로운 패러다임을 만들어내기 어렵다고 보기 때문이다. 철학적으로 깊이 파고 들어가 거기에 모인 새로운 가치관, 새로운 세대의 발상에 바탕을 두는 차세대에 요구되는 논리와 시스템을 창조하고 연구하는 것이 필요하다. 아시아공동체는 단순히 국가간 통합을 목적으로 하는 것이 아니라, 다음 세대를 향한 발상의 전환을 구상하는 것이기 때문에 눈에 보이는 것만을 추구하는 것이 아니다. 원아시아재단의 활동에 공감하는 대학교수에게 대답을 바라는 것도 아니다. 다음 세대가 상승적으로 공동체를 생각해 나갈 수 있도록 새로운 국가의 틀, 새로운 공동체의 존재 방식을 모색하는 도전이나 교육이 재단 강좌 개설의 진정한 바람이다.

사람의 의식이 바뀌는 것은 '조용한 혁명'을 의미한다. 평화적인 혁명을 수행하기 위해서 에너지를 불어 넣는 것이 재단의 활동에 동조하는 교수들의 네트워크다. 각각의 교수가 전령사가 되어 연구에 정진하면 달성될 것이다.

아시아공동체 창설을 위한 운동을 무리한 일이고, 어려운 일이라는 부정적인 생각을 할 때도 있다. 그러나 240개 이상 대학의 연대가 확대되어 가고 있는 사실로 보아 원아시아에 대한 열의를 가진 헤럴드(Herald)들에 의해 앞으로도 연구가 진전될 것은 확실하다. 아시아공동체 창설을 향한 운동은 이미 아시아 지역 곳곳에서 시작되고 있다. 교수들의 네트워크를 응원하는 것이 재단의 역할이다. 공통의 사고를 이어가며 응원하는 자세는 앞으로도 변하지 않을 것이다.

이대로 가면 2년, 3년 후에는 상상할 수 없을 정도의 활동으로 발전되어 나갈지도 모른다. 최근에 재단의 지원 강좌를 개설한 데이쿄(帝京)대학에서는 수강생이 910명이었고 아오야마가쿠인(青山学院)대학에서는 수강생이 500명 정도였다. 젊은이들이 아시아공동체에 대한 관심이 높아진 것을 알 수 있다. 한국에서는 '아시아공동체론'을 상설 강좌로 도입한 대학이 16개 대학에 이른다. 이건 숫자에 불과하다. 각 대학 교수들의 아시아공동체 강좌에 대한 진지한 자세와 열의를 소개한 많은 사례로 보면 '불가능'이라는 말은 점점 희미해진다.

제 6 장

아시아공동체 강좌에서 아시아 통합을 논하다

이 장에서는 아시아 지역 각 대학에서 원아시아재단의 강좌를 담당했던 대학교수들의 강좌 소감을 소개한다. 본인이 쓴 원고에서 발췌한 것이다. 많은 원고가 들어왔지만 모두 다 소개하지 못하는 것이 유감이다. 각국 대학교수들의 소감은 뜻을 같이하는 많은 사람들과 공유할 수 있었으면 하는 바람이다. 게재를 위해 문체를 통일하고 발췌와 편집을 하였지만, 원래 내용을 크게 변경하지는 않았다.

1. 아시아공동체 – 22세기 예언

우주에서 보면 지구에는 국경이 없다. 일본인 최초 우주비행사인 모리 마모루(毛利衛)가 한 말이다. 46억 년 전에 지구가 탄생한 이래 근세까지 지구에는 국경이 없었다. 지금까지도 우주에서 보는 지구에는 국경이 없는 것이 명백하다. 지구의 아름다움에도 사람의 의식에도 국경은 없을 것이다. 철새와 물을 찾아 이동하는 코끼리 등 동물에게도 국경이라는 개념은 없다. 국경은 인간의 사상에 의한 오만함에 따른 것이다.

아시아공동체 창설은 꿈에 불과하다고 의심했던 학생들이 아시아가 안고 있는 문제를 직시하고는 그 속에서 가능성을 발견하고 꿈을 품기 시작하였다. 국가, 국경을 둘러싼 분쟁, 전쟁과 역사교육에 대한 다양한 지식을 얻기 시작하자, 거기에서 목적과 목표를 발견하고 적극적으로 그 문제를 직시하게 된 것이다.

문제를 해결하려고 하는 정의감이 발생하면, 불가능이라는 절망의 벽을 돌파해 나가려는 기운이 형성될 것이다. 아시아에 국경이 없는 공동체를 창설하는 것은 인간이 마음대로 그어 놓은 보더라인(borderline)을 사상, 언어행동, 선입견으로부터 지우는 노력을 계속하는 것이다. 인류는 국경이라고 하는 사고에서 점차 졸업하지 않으면 공동체는 꿈에 불과하다.

1910년 1월 호치(報知)신문에 개제된 '20세기의 예언'에는 23개 과학기술의 진보를 예측했다. 도쿄와 런던을 연결하는 무선전화, 7일간의 세계일주, 추위와 더위를 모르는 에어컨, 자동차 등이 그것이다. 이들 중 17개 항목이 실현된 것이 100년 후에 검증되었다. 당시는 불가능하다고 여겼던 것이었지만 꿈을 향한 노력이 인간의 지혜를 발달시킨 것이다. 아시아공동체 창설을 22세기 예언에 추가하고 싶다.

니혼(日本)대학/ 기무라 마사시(木村政司) 교수

2. 논점과 시점의 차이를 공유

아시아공동체 강좌는 그 타당성과 필연성에 뿐만 아니라 그 가능성과 실현 조건에 관한 논의도 필요하다. 이런 문제를 정면에서 논의하지 않으면 진정한 아시아공동체의 실현은 있을 수 없다. 경희대학교 정치외교학과의 교과목으로서 아시아공동체 강좌를 개설한 경위는 무엇보다도 아시아 사람들의 일상생활과 가치관, 세계인식, 아시아 지역에 대한 시선, 아시아 다른 국가들과 사람들에 대한 인식을 새롭게 하는 것이다. 이런 주제를 가지고 궁극적으로는 아시아공동체가 실현될 수 있도록 전제 조건을 이해하는 것에 중점을 두고 강좌를 운영하였다.

한의학, 건축 예술, 문학 등 독립된 테마로 정치학 분야에서 강의한 것은 처음있는 일로 아주 참신한 시도였다. 강사에게도 수강학생에게도 처음 경험하는 일로 지적 자극이 되었다. 강사를 일본, 대만, 태국, 인도에서 초빙한 것도 의미있는 일이었다. 같은 테마라고 해도 그것을 말하는 사람의 입장에 따라 시점이 다르다는 것을 확인하고 서로 이해할 수 있었다. 이런 시간을 통해서 아시아 지역, 아시아인, 아시아 사회, 아시아 문화 등을 처음으로 연상할 수 있었다. 소중한 경험이었다.

아시아공동체를 만들기 위해서는 서로를 알고 본심을 말하는 것부터 시작하지 않으면 안 된다. 이런 관점에서 국가 차원에서가 아니라 아시아인 개인 차원에서 아시아를 생각하는 계기가 되는 것을 목표로 삼았다.

아시아공동체에 관한 논의는 기존의 특정 학문 영역의 독점물이 아니라 모든 학문영역이 관여하는 주제가 될 것이다.

경희대학교/ 송석원 교수

3. 누가 시작하지 않으면 문제는 영원히 해결되지 않는다

히로시마(広島)시립대학의 정치, 경제, 문화에 정통한 국제성이 풍부한 인재를 활용하고, 히로시마평화연구소와 일본 유수의 연구자를 아우르는 대형 프로젝트가 없는 것이 평소 불만이었다. 2012년 여름 지금까지 없었던 한 · 중 · 일의 긴장 관계가 정치에서 시작되어 경제 영역에까지 확대되고 있다. 주변 여러 사람들은 아시아공동체의 필요성을 느끼고는 있다. 그 실현 가능성에 관한 큰 과제에는 누군가가 첫걸음을 내딛지 않으면 그 문제는 영원히 미해결 상태로 남는다.

한 · 중 · 일이 중심이 된 동아시아공동체 형성이 어려운 숙제라는 것은 틀림없다. 이 연구가 한 · 중 · 일의 미래지향적인 관계를 구축해 나가는 시금석이 되기를 간절히 바란다.

히로시마(広島)시립대학에서는 수강생이 30명 정도로서 숫자로는 적은 편이었지만 매회 수업은 열띤 토론으로 이루어졌다. 2013년부터는 언어 분야를 강화하여 정치, 경제, 문화, 언어 4분야에서 강의를 진행했다. 또 2013년도에는 심포지엄과 한국에서의 대형 워크숍을 계획하고 있어서 더욱 충실한 강의 내용이 될 것이다.

히로시마(広島)시립대학/ 김태욱 교수

4. 고려대학교의 '명강좌'

21세기에는 사람들의 생활방식을 규정해 온 국민과 국가의 프레임이 전환기를 맞고 있다. 강대국간 벌어지는 전면전쟁의 가능성이 낮아졌다고는 하지만 안전보장은 아직도 중요하다. 안전보장이 구축된 이상 국가, 기업, 개인 간의 경쟁과 협력에 의한 번영이 요구된다.

공존공영을 문화적 다양성 안에서 모색하고 보편적인 가치관이 확대되는 시대가 되었다. 유럽에서는 이런 시대흐름을 선도하여 유럽연합(EU)이 형성되고, 전 세계의 생활방식에 획기적인 변화를 가져왔다. 아시아에서도 동아시아공동체에 관한 논의가 활발하게 진행되고 있다. 강좌에서는 그 한계와 극복 방법을 모색하여 미래의 동아시아공동체 형성에 밑거름이 되는 것을 목표로 하였다.

오늘날 동아시아의 상황을 감안하여 미래의 동아시아공동체를 형성하기 위한 기초 작업으로서 동아시아 지역의 역사와 사례를 이해하는 것이 필요하다. EU의 역사와 사례를 다루는 것은 동아시아지역 질서 형성에 참고가 된다.

또 동아시아공동체를 향한 미국, 중국, 러시아, 일본, 한국 등 각 국의 전략을 팀을 나누어 담당하고 조사, 발표, 토론 순으로 진행하였다. 학생들은 그룹 편성에서 자료조사, 발표문 작성, 발표자 선정에 이르기까지 자발적으로 임했고 책임감을 가지고 참가하였다.

학술회의를 하는 것뿐만 아니라 자체적으로 기획자, 사회자, 발표자, 토론자, 질문자 등의 역할을 담당함으로서 동아시아공동체를 수동적으로 받아들일 것이 아니라, 주체적으로 노력하여 수행한다는 의식이 형성될 것이라는 기대를 가지게 되었다.

이 강좌를 고려대학교의 '명강좌'로 만들고 싶다.

고려대학교/ 박홍규 교수

5. 금융경제 분야의 동아시아 통합론

고려대학교 기술경영 전문대학원 교수이면서 원아시아재단의 고문으로 활동하고 있다. 원아시아재단이 추진하고 있는 아시아 각국의 대학을 대상으로 하는 아시아공동체론 강좌 개설 지원은 한국에서는 고려대학교를 비롯하여 건국대학교, 우석대학교 등 현재 12개 대학으로 확대되어 유명강좌로 자리매김하고 있다.

고려대학교는 원아시아공동체 강좌를 진행하면서, 2011년 12월에 '동아시아공동체의 전망과 한국의 전략'이라는 주제로 한국, 중국, 일본의 아시아공동체 전문가가 참가한 국제학술 세미나를 주최하였다. 학술 세미나에서 다뤄진 발표 내용은 아시아 통합론을 논의하고 발전시키는 데에 중요한 역할을 하였다. 이런 사업은 아시아 유학생에게는 물론 국내대학에서도 아시아공동체에 대한 인식과 우호적인 견해를 육성하는 활동으로 높이 평가받고 있다.

2012년에는 재단의 지원으로 '동아시아 통합과 금융'이라는 주제의 프로젝트를 진행하였다. 그 성과로 '동아시아의 통화 통합의 효과와 국제금융통합의 역할에 관한 연구'라는 논문을 완성하였다. 통화 통합에 따르는 경제적 편익과 비용분석을 통해서 아시아 통합의 득실을 금융경제 측면에서 고찰한 것이다. 이것으로 앞으로의 동아시아 경제공동체 형성에 이론적으로 기여를 할 수 있게 되었다. 이런 연구가 단발적으로 끝나지 않고 지속성을 담보하기 위해서 변화하는 국제환경과 금융경제 환경을 고려하는 후속적인 연구를 추진하고 싶다.

설사 화폐통합이 실현되었다고 해도 그 다음에 발생하는 외적 충격에 의한 지표개발이 요구된다. 우리 연구팀의 후속연구에서는 2000년대 들어서 아시아 금융시장 통합을 통한 리스크 공유 효과가 유럽연합(EU)과 경제협력개발기구(OECD)보다도 개선돼 있다는 결과를 얻었다. 이런 연구결과는 새로운 지표로 활용할 수 있을 것이다.

재단의 이념과 비전은 '아시아공동체'이다. EU의 경제 · 화폐 통합 사례를 타산지석으로 삼아 금융경제 분야에서 동아시아 통합을 모색하고 연구자의 활발한 연구와 상호 교류를 추진해 나가야 한다. 현재 각 대학에서 이뤄지는 아시아공동체 강좌와 앞으로 추진하게 될 강좌에서는 금융경제 분야에서 동아시아 통합의 중요성에 대한 인식을 공유하고 진전시켜 나가야 한다.

고려대학교/ 김재인 교수

6. 영토문제 보류와 민간교류 중시

2012년 여름부터 영토문제를 둘러싸고 일본과 중국 및 한국의 관계가 어긋나 있다. 세계 주요 지역에서 글로벌화와 지역통합이 진행되는 가운데 동아시아에서는 그것을 거스르는 움직임도 있다. 한국, 중국, 일본 세 나라는 모순과 대립이 있었지만 1960년대부터 서로 협력하여 동아시아의 경제를 발전시켜 왔다. 2011년 현재 경제 규모로 보면 중국이 세계 2위, 일본이 3위, 한국도 15

위를 점하고 있다. 게다가 세 나라의 상호 경제의존도는 매우 높아서 무역상대국으로서 중국은 한국과 일본의 1위, 일본은 중국과 한국의 2위, 한국은 중국과 일본의 3위를 각각 점하고 있다.

세 나라의 인적교류도 활발하여 연간 왕래인수는 다 합쳐서 1,500만 명을 넘는다. 구체적으로는 2010년을 기준으로 한국과 중국 간의 왕래가 596.5만명, 한국과 일본간 왕래가 546만명, 일본과 중국간 왕래가 499만명이다. 세 나라의 우호자매도시를 합하면 1,000곳이 넘는다. 구체적으로는 중국과 일본의 결연 도시는 342, 한국과 일본의 결연도시는 139(2011년 집계), 중국과 한국의 결연 도시가 130(2010년 집계)이다. 또 유학생도 있고 상대방 국가에 체재하는 사람도 많다.

정치 분야에서는 중국과 일본, 중국과 한국은 각각 전략적 파트너 관계이고, 한국과 일본 두 나라는 미국과 동맹관계를 맺고 있다. 이 관계도 밀접하다고 할 수 있다. 또 2008년부터 세 나라는 정상회담을 개최하고 있다. 2012년 5월에 베이징(北京)에서 열린 제5회 정상회담에서는 '3국의 포괄적인 협력 파트너십 강화에 관한 공동선언'을 공표하는 것 외에 한 · 중 · 일 투자협정에 서명하였다. 3국간 자유무역협정(FTA)에 대해 연내 협상개시를 합의하였다. 이런 정치, 경제, 인적 교류 면에서 큰 성과를 올렸음에도 불구하고 일본과 중국, 한국과 일본의 관계는 어려운 국면을 맞이하고 있다. 최근 섬을 둘러싼 영토문제가 발단이 되었지만, 되돌아보면 1980년대부터 교과서 문제, 야스구니 신사 참배 문제, 위안부 문제 등 일본은 중국 및 한국과 대립해 왔다. 이런 문제들은 역사 문제 또는 역사 인식 문제라고 할 수 있다.

국가의 권위와 민족의 자존심 등이 얽혀있는 이런 어려운 문제를 어떻게 해결할 것인가가 세 나라의 과제이다. 아시아공동체 창설을 위한 노력이 그 해결을 위한 하나의 방법이 될 것이다. 현재 아시아에는 동남아시아연합(ASEAN)이 있는데 그 경제 규모는 유럽연합(EU)에 비하면 아직 작은 규모다. 그러나 동북아시아와 서아시아에는 아직 이런 공동체가 없다.

그러나 아시아에 유럽연합(EU)이나 북미자유무역협정(NAFTA)과 같은 공동체가 필요하다는 것은 분명하다. 이것은 지역문제는 그 지역의 국가들간 서로 합의하여 해결하는 것이 제일이라는 것을 의미한다. 한 · 중 · 일 3국은 이런 협력의 이점을 잊지 말고 경험을 살려 앞으로 지역통합을 진행시키지 않으면 안 된다. 이 때 정부 차원에서 뿐만 아니라 민간단체, 기업도 여기에 적극적으로 참가하지 않으면 안 된다.

예를 들면 원아시아재단이 추진하고 있는 아시아공동체 창설이 그 하나가 된다. 원아시아재단이 아시아에서 전개하고 있는 사업은 큰 성과를 보이기 시작했다. 지원 강좌 '아시아공동체론'은 중국의 최남단 하이난(海南)대학 산야(三亞)학원 외에 베이징(北京)대학, 고려대학, 도쿄(東京)대학 등 아시아의 여러 나라 100개 대학에서 개설되었고 그 수강생은 만명에 이른다. 또 강좌에 참가하는 학자들은 교류를 촉진하고 완만한 네트워크를 형성하여 그 영향력을 확대하고 있다.

민간 차원에서 이런 노력은 한·중·일 관계를 개선하고 아시아공동체를 창설함에 있어 아주 중요한 역할을 하고 있다. 영토문제와 같은 격렬한 문제는 몇몇 사람이 주장하고 있는 것처럼 잠시 보류해 두는 것이 좋을지도 모른다. 그 대신 재단이 추진하고 있는 민간교류를 크게 확대해 나가면 마침내 한·중·일은 화해의 장을 열 수 있을 것이며, 궁극적으로 아시아공동체가 창설될 것이다.

하이난(海南)대학 산야(三亞)학원/ 쉬쇼우통(許壽童) 교수

7. 특정 국가의 패권에 의해 형성되어서는 안 된다

동아시아공동체 구상은 중국이 중심적인 역할을 하는 것으로 되어 있다. 물론 미국의 관여와 역할도 중요하다. 또 동아시아공동체를 평화적이고 비패권적인 것으로 형성하기 위해서는 한국과 일본이 중심적인 역할을 해야 하고, 중국이 어떻게 관여할 것인가에 대하여 한국과 일본의 발언력이 시험대에 오르고 있다. 따라서 동아시아공동체의 운명을 한·일관계가 잡고 있다고 해도 과언이 아니다. 한국과 일본이 어떤 자세를 취하고 어떤 관계를 구축하는

지, 서로 동아시아공동체 구상을 어떻게 수렴할 것이지, 이를 위해서 어떤 협력이 필요한지 고민하여야 한다. 한국과 일본은 역사문제와 영토문제 등 두 나라 사이에 놓인 제문제의 대립을 '절대화'하는 것이 아니라 경쟁 속에서 상호 보완적인 관계를 구축함으로써 '국제 공공재(international public goods)'를 제공하는 역할을 담당하는 것을 목표로 삼아야 한다.

그리고 동아시아공동체 구상에는 북한을 끌어안는 것도 고려해야 한다. 북한은 대미관계를 최우선시 하고 중국에 대한 의존을 강화시키면서 걸핏하면 중요한 이해관계를 갖는 한국과 일본을 문제의 구도에서 주변화시키는 경향이 있다. 이런 상황을 타개하기 위해서도 북한문제에 대해 한국과 일본은 상호 협력을 통해 발언력을 높이는 방안을 전략적으로 생각할 필요가 있다.

이처럼 동아시아공동체는 특정 국가의 패권에 의한 질서로 구축되어서는 안 된다. 그리고 성장의 역동성을 유지하면서도 평화적이고 안정적인 것이 아니면 안 된다. 이런 공동체 구축에는 무엇보다도 국제 공공재산을 공유할 수 있는 주체가 필요하다. 이것은 국가뿐만 아니라 비정부 조직(NGO) 등 시민사회도 포함된다. 한국과 일본 정부, 시민사회가 이런 국제 공공재를 얼마나 효율적으로 제공할 수 있을 것인가가 지금 문제시 되고 있다.

도쿄(東京)대학/ 기미야 다다시(木宮正史) 교수

8. 아시아공동체 창설에서 문화교류의 중요성

다른 국가 다른 민족은 우선 서로 존중하지 않으면 안 된다. 국가와 민족에는 대소(大小)의 구별이 있지만 문화에는 대소의 구별이 없다. 우열의 구별은 절대로 있어서는 안 된다. 단오절의 예를 들어보자. 중국의 단오절은 지금과 같은 중화민족의 행사가 되기 이전에는 창장(長江) 유역에 있는 어느 민족의 행사였다. 이것이 여러번 변화를 거듭하여 지금과 같은 행사가 되었다. 중국의 단오절, 한국의 단오제, 일본의 단오 절구는 중국 창장(長江) 유역의 단오 풍습을 원류로 하면서 각각 다르게 변화해 온 역사를 가지고 있다. 세 나라의 단오절은 명칭과 구성 요소가 부분적으로는 일치하지만 본질적으로는 아주 다르다. 여기서 서로를 존중해야 하는 필요성이 생겨난다.

한국이 강릉 단오제를 세계유산으로 등록 신청하여 성공했을 때 단오절을 다른 사람에게 도둑맞았다고 쓸데없는 불안감을 가지는 중국 사람이 있었다면 타인을 이해하지 못하는 전형적인 예이다. 중국의 단오절과 한국의 단오제는 형태와 내용이 상당부분 달라 중국이 세계 유산 등록 신청을 방해하지 않는다. 최종적으로 중국도 단오절을 세계문화유산 등록에 성공하였다. 이것이 본질이 다름을 입증하고 있다.

중요한 것은 교류다. 교류가 없으면 상대방에 대한 불신이 생기고 서로 신뢰하지 못하게 된다. 교류는 상호 이해를 심화시킬 뿐만 아니라 문제가 발생했을 경우 때를 놓치지 않고 모순을 평화적으로 해결할 수 있는 방법이다.

아시아공동체 창설에는 정치·경제 분야에서의 협력도 물론 중요하지만 문화교류가 없어서는 안 된다. 문화교류는 하루아침에 이뤄지는 것이 아니다. 끈기를 가지고 계속되어야 한다. 각국 각 민족간 문화교류를 보다 더 원활하게 하기 위해서는 서로 존중하는 것이 전제되어야 한다. 이것이 없으면 교류는 어렵다. 서로 이해하는 것이 문화교류의 기초이다. 상대방을 이해하지 않으면 교류의 의미조차 사라진다. 서로 교류하는 목적은 서로 도움으로써 서로 성장하는데 있을 것이다. 이처럼 아시아공동체 창설에 있어서 문화교류는 중요하다.

통지(同濟)대학/ 차이돈다(蔡敦達) 교수

9. 아시아 이해의 작은 첫걸음

최근 아시아 시대가 도래했다는 말을 자주 듣는다. 아시아의 여러 국가간 진정한 상호이해가 없으면 아시아 시대는 있을 수 없다. 이 강좌는 아시아 이해에 대한 작은 첫걸음이다. 다양한 아시아 지역의 상황을 이해하고, 아시아 제국이 서로 공감함으로써 '아시아 시대의 도래'가 실현될 것이다.

한국외국어대학교/ 강준영 교수

10. 뜻을 가진 자들의 조직

민족, 국적, 사상, 종교를 넘어서 인류의 평화와 행복을 추구한다. 정치에 개입하지 않고 남과 북, 동양과 서양을 구별하지 않는다. 이 원대한 꿈을 위해 먼저 아시아 대륙부터 시작하자는 원아시아재단의 전신인 '원아시아 클럽'의 운동이 있었다. 지금까지 라이온즈 클럽, 로터리 클럽과 같은 대부분의 클럽 운동은 영어문화권에서 시작되어 세계로 퍼져나갔지만, 원아시아 클럽 운동은 아시아가 주체가 되고 주장하여 시작되었다. 지금까지 역사적으로 하나의 아시아를 주장해 온 이념과 사상은 몇몇 있었지만 실제 구체적인 현실 운동으로 시작된 것은 원아시아 클럽이 처음이었다. 그것도 순수하게 민간 주도로 시작된 원아시아 운동은 역사의 한 페이지에 영원히 기록되어야 할 것이다.

원아시아재단의 숭고한 정신에 공감하여 호남대학교는 아시아 공동체론 강좌를 처음으로 개설하였다. 1년에 200명 이상의 학생이 수강하는 대성공을 거두었다. 앞으로 특별 강좌로서 정착시킬 예정이다. 2013년은 광주대학교에서도 강좌가 개설되어 광주지역에 아시아공동체의 기운을 한층 넓히는 계기가 되었다.

클럽이라고 하는 것은 뜻을 가진 자들이 모여 만든 조직이다. 원아시아 클럽은 민족, 국가, 사상, 종교를 초월한 조직체로서 그 목표와 이념은 한층 더 빛나고 아시아 각국뿐만 아니라 세계적으로 확대, 발전할 것이다.

호남대학교/ 신일섭 교수

11. 동반성장의 관점에서 본 태국과 일본의 우호관계

21세기는 아시아 시대라고 한다. 특히 신흥 아시아 국가의 세계 국민총생산(GDP) 점유율은 최근 30년 동안 10%에서 30%로 크게 상승하였고, 생활수준이 개선됨에 따라 5억명이 빈곤에서 벗어났다. 세계 성장의 3분의 2를 아시아가 점유하게 된 것이다. 이 추세와 역동성은 세계 경제의 원동력이 될 것임에 틀림이 없다.

한편 도시지역과 농촌지역의 경제 양극화의 확대, 사회보장 제도의 구축, 범죄의 증가, 공해 발생, 고령화 사회 대책 등 아시아 경제가 많은 문제를 내포하면서 성장하고 있는 것을 잊어서는 안 된다. 또 아시아라고 해도 인종, 종교, 경제 발전 수준이 크게 달라 아시아를 하나로 모으는 제도의 구축은 쉬운 일이 아니다. 차이를 받아들이고 다름을 존중하고 다양성을 살린 연대 조직이 구축되지 않으면 안 된다.

잘 알려지지 않았지만 비교적 우호관계를 유지하고 있는 일본과 태국은 1960년대 후반부터 우회 수출의 거점으로 일본계 기업이 태국에 진출하였다. 이것은 태국인의 눈에는 일방적인 이익 착취의 수단으로 비춰져 방콕에서는 일본 제품 불매운동이 일어났다. 이것을 걱정한 일본 정부와 몇몇 민간단체는 태국에 대한 기술 지원의 강화, 일본으로 가는 유학생 지원, 현지 학교 교육 지원 등 태국의 발전으로 연결되는 활동에 적극적으로 지원하는 시책을 취했다.

이처럼 태국과 함께 성장한다는 방침은 공동체의 관점에서 산학연계를 시도하고 각종 인프라 기반 투자 등의 장기적인 지원이 주효하여 현재의 일본과 태국의 우호관계가 구축됐다. 원아시아재단이 구상하는 아시아공동체 강좌의 성공에는 여기에 힌트가 있을 지도 모른다. 특히 인재 육성을 통한 공통의 이념과 플랫폼(platform)을 구축하는 것은 아시아 제국의 상호이해를 넓히는 데에 불가결한 것으로 이때 교육 지원이 갖는 의미는 크다.

츄라론콘 대학 사신 경영대학원(Sasin Graduate Institute of Business Administration of Chulalongkorn University)/ **후지오카 다카마사(藤岡資正) 교수**

12. 아시아인에 의한 역사에 대한 도전

냉전이 종결된 지 25년이 되어가고 있다. 오늘날 세계정세를 살펴보면 세계 전체의 질서는 아직도 유동적이고 불확실한 요소가 많다. 그러나 분명한 것은 글로벌화가 세계 각지에 침투돼 국가주권이 무너지고 있다. 이와 동시에 각지에서 진행되는 지역통합의 움직임이 국제사회에서 질서 형성의 흐름으로 등장하게 됐다. 또 다른 큰 흐름의 하나는 세계의 정치, 경제의 중심 지역이 지금까지의 유럽에서 아시아로 확실하게 이동하기 시작했다는 것이다.

글로벌화가 진행되는 가운데 지역 통합과 역사 무대의 이동, 이것이 21세기에서는 새로운 시대의 새로운 질서인 것이다. 글로벌화의 등고선이 전 세계로 퍼져 나가고 있는 반면에 국가간의 주도권 싸움, 역사인식의 차이, 해양 권익 다툼과 이와 관련된 영유권 문제, 안전보장의 불안정 요소, 국가주의의 고양 등 이런 문제는 아시아 지역내에 아직도 존재하고 있다.

그러나 경제 분야에서는 각국간 교역이 증가하고 다국적 기업에 의해 국제 분업이 진전되기도 하여 상호 의존관계가 심화되고 있다. 사회 · 문화 교류분야에서도 대중문화를 중심으로 인적 교류가 활발하게 진행되고 있다. 또 경제, 사회, 문화 분야에서 국경을 초월한 교류와 협력은 외교, 안전보장 분야에도 파급되어 중층적인 다국가간 협력 프레임을 만들어 내고 있다.

국제정치학적으로 보면 아시아 지역에서는 군사력 증강과 힘의 균형을 토대로 하여 국가안전보장을 최우선으로 하고 있다. 그 결과 이런 국제정치를 이해하는 이론으로서 현실주의의 타당성이 확대될 것이다. 그러나 다른 한편으로 각국간 무역 확대에 따른 상호 의존론, 아시아인의 정체성 재확인을 모색하는 구성주의적 접근법도 탄력을 받고 있다.

이런 현실 경제적 상호의존, 사회 · 문화적 교류의 확대, 다국간 협력의 프레임의 증가로 지역 교류와 협력이 거대 조류가 된 상황에서 긴 안목(long span)으로 보면 아시아 지역의 통합, 즉 아시아공동체 형성은 피할 수 없는 현실적인 문제이다.

이제는 부국강병과 같은 낡은 국가전력만으로는 21세기에 직면한 아시아의 과제를 해결할 수 없다. 갖은 모순과 마찰에 맞서서 전진과 후퇴를 반복하면서 아시아 지역 내의 복잡한 문제를 해결해 나가지 않으면 안 된다.

이를 위해서는 1개국 단위의 관점이나 사고방식을 넘어서 서로 선린우호의 정신으로 아시아인이 손을 잡고 평화와 번영의 미래를 개척해 나가는 의지와 협력에 바탕을 두는 구체적인 비전을 제시하지 않으면 안 된다.

21세기 새로운 시대를 맞아 역사의 새 주역은 아시아인이다.

지평선 너머 밝은 미래를 주시하는 아시아인에 의한 역사에 대한 도전은 앞으로도 계속될 것이다.

마지막으로 2013년 원아시아재단의 지원으로 아시아 각국의 대학에 '아시아공동체론' 강좌 개설을 준비중인 대학은 175개 대학에 이른다. 니혼(日本)대학 국제관계학부는 지원 강좌 개설 제1호였다. 2011년 11월 재단과 함께 원아시아재단 총서 『アジア共同体の創設に向かって』("아시아공동체 창설을 향해")를 발행하는 행운을 얻기도 하였다. 지금은 각국의 대학에서 '아시아는 하나'라는 숭고한 이상을 목표로 지속적으로 학술적인 성과가 나오고 있다. 이런 학술적인 연구 활동을 지원하는 재단은 여러 연구자의 지적 역량을 모아서 아시아 여러 국가와의 학술교류 역사에 새로운 전기를 새김으로써 아시아공동체 창설에 크게 공헌할 수 있는 무대가 되기 바란다.

니혼(日本)대학/ 정훈섭 교수

13. '협력하면 강력하다'라는 것은 몽골의 역사가 증명하는 지혜

'One'이란 단어에는 '같은', '유사한', '공통, 협조'의 의미가 있다. 문화, 역사, 사회구조에 공통성을 갖는 민족끼리라면 아시아공동체 구상이 가능할 것인가.

앞으로 아시아공동체 구상을 발전시켜 나가기 위해서는 행복하고 평화로운 사회를 희망하는 마음을 갖는 것이 중요하다.

우선 '아시아'에 대해서 생각해 보면, 예를 들어 몽골은 동양에 속해 있다, 서양에 속해 있다, 단순하게 구분하기는 어렵다는 학자의 의견이 있다. 이 의견에 동감한다. 원아시아의 개념에서 지리적으로 어디에서 어디까지를 하면 좋을 것인가. 지중해 연안에 위치하는 소아시아, 중동, 티베트에 걸쳐있는 산맥으로 나눠진 인도 아시아대륙, 유럽과 우랄 산맥에 접한 북아시아, 오랫동안 생활공간(Ökumene)의 경계인 중앙아시아 지역의 국가들도 포함해서 고려되어야 하지 않을까.

지역을 어떻게 획정하고 지역 내 각 나라들의 특유의 문화와 역사를 어떻게 계승해야만 하는가, 바로 결론을 내기는 어렵다. 그러나 원아시아 구상에는 우리가 생각하는 것보다는 훨씬 밝은 미래가 있다고 확신한다.

옳은 행동은 옳은 생각에서 나온다. 모든 역사, 문화, 언어는 평등하고 어떤 나라의 사람도 차별받지 않는 공동체이길 바란다. 그리고 현재 유럽연합(EU)보다 더 나은 조직과 기능을 가진 것이길 바라고 있다. 아시아 지역 각국 국민들이 옳은 생각에 바탕을 두고 적극적으로 참여하는 것이 중요하다는 것을 말하고 싶다. 왜냐하면 지금 대학생들은 몽골의 미래를 짊어진 사람들이기 때문이다. 바꿔 말하면 원아시아의 장래, 세계 평화를 짊어지고 있다.

'협력하면 강력하다'라는 말은 정치 슬로건이 아니다. 몽골의 특정 정당이 이 문구를 사용하고 있지만 이것은 특정 정당이 독점해서 사용하면 안 된다. 이것은 조상으로부터 물려받은 몽골의 지혜다. 이것은 몽골 역사가 증명하고 있다.

글로벌화는 지역특성을 고려한 글로벌화가 되지 않으면 안 된다. 글로벌화는 자신이 어떻게 관여할 것인가를 우선 전제로 하고 다른 사람을 자신과 같은 차원에 놓고 생각해야 한다. 몽골인에게 있어서 원아시아는 새로운 개념이 아니다. 적극적인 입장에 서서 옳은 행동, 바른 목소리로 응원해 주기를 바란다.

몽골국립 라디오 · TV 대학/ D. 다와스렌 교수

14. 국내 안전을 유지하기 위해서도

21세기를 맞아 세계 인구는 급속하게 늘어나 70억명을 넘고 있다. 한편 사람들의 생활은 그다지 개선되지 않았다. 기아 인구는 8억명을 넘었고 전쟁으로 고생하는 사람도 많다. 또 인류는 인종, 종교, 문화 사고방식 등으로 차별 받아서는 안 된다. 그러나 현실은 그렇지 않다.

이런 상황에서 생활을 어떻게 개선할 수 있을까 사람들은 여러 방면에서 모색하고 있다. 인류는 이런 곤란한 문제를 협력해서 극복하고자 노력하고 있다. 아시아 지역에서도 각국의 상호이해와 협력관계를 구축하고 서로 존경하고 신뢰함으로써 아시아의 평화를 추구할 수 있다. 이것은 각국이 국내의 안전을 유지하는 데에도 유효하다.

몽골예술대학/ L. 첸첸게이 교수

지금까지 소개한 이외에 많은 교수로부터 원고를 받았다. 지면이 허락하지 않아 모두 게재할 수 없는 점을 송구스럽게 생각한다. 게재되지 못한 분들에게 감사의 마음을 담아 성함을 소개한다(무순).

란디 Y. 라마단 교수, Sh. S. 리스베코바 교수, N. K. 아르자노바 교수, A. D. 쿠르마네레바 교수, 아스카 재키셔프 교수, 판스밍(範士明) 교수, 슈 샤오 교수, 강주영 교수, 리마이쇼우(李麥收) 교수, 누르 아니 교수.

제 7 장

아시아공동체 강좌를 통하여 느끼다

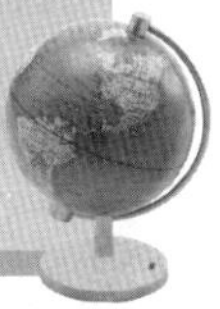

이 장에서는 아시아 지역의 각 대학에서 원아시아재단의 강좌를 수강한 대학생들의 소감을 소개한다. 본인이 쓴 원고를 기초로 한다. 학생들은 강좌를 수강하고 아시아공동체를 어떻게 받아들이고 무엇을 배웠는지, 학생들이 느낀 것을 공유하고 싶은 바람이다. 게재를 위해 문체를 통일하고 발췌 및 편집을 하였지만 원래 내용은 크게 변경하지는 않았다.

1. 아시아공동체 창설을 위해 아시아의 목소리를 듣자

이 강좌를 통해 동남아시아 지역의 문화와 민족의 특징에 대해 인식을 심화시킬 수 있었고 아시아공동체라는 개념을 이해할 수 있었다.

동아시아의 나라들은 제2차 세계대전 이후 경제를 회복하고 고도성장을 이뤄낸 일본을 선두로 하여 동아시아의 기적이라고도 불리는 경제 발전을 이뤄냈다. 앞으로도 나라에 따라 정도의 차이는 있겠지만 고도성장이 지속될 것으로 보인다. 1990년대에 들어 글로벌화 아래 자본과 무역 자유화를 진행시키지 않으면 안 되었던 아시아 각국은 외국의 자본과 기술을 도입하기 위해 아시아를 보다 매력적인 경제시장으로 통합해야 하는 필요성을 절실하게 느끼게 되었다. 공생의 관점에서 지구촌이라고 하는 개념도 형성되었고 세계 각국과 지역간의 연대는 점점 더 중요해지고 있다. 1990년대 동아시아의 무역 특징은 완성품 무역액에 비해 부품과 소재의 중간재의 무역액이 더 증가했다는 것을 알 수 있다. 일본에서 동아시아로 저렴한 노동력을 찾아 기술이전이 진행됨으로써 아시아 지역의 생산 기반이 발전하였다. 이에 다음과 같은 것들이 수반되었다. 무역투자 장벽이 낮아지고 기업이 국경을 초월하여 생산 거점을 자유롭게 선택할 수 있는 경제활동을 위한 환경이 정비되었다.

중국의 경우 다 아는 바와 같이 오랫동안 무역 강국으로 군림하고 있지만 기술 분야에서는 일본 등의 선진국과는 아직 거리를 두고 있다. 만약 아시아 각국 자원을 서로 융통하면서 현실 경제의 연대를 심화시켜나갈 수 있다면 가까운 미래에 원아시아의 아름다운 모습을 볼 수 있을 것이다.

강좌의 교수님들로부터 강의를 듣고 원아시아에 대해서 단순히 경제 분야만을 보는 것이 아니라 더 폭넓은 관점에서 생각하게 되었다. 나는 중국에서 아버지의 영향으로 지방공무원이 되려고 했었다. 그러나 정치나 경제는 너무 복잡하여 나와는 맞지 않다는 생각을 하고 일본 유학을 결심했다. 일본에 와서 이전의 내 자신의 생각과는 완전히 다른 생각을 하게 되었다. 나는 유학생으로 일본에 살고 있지만 일본국민은 아니다. 그러나 다른 문화를 체험하는 것은 언젠가는 국가간 교류에 큰 역할을 하게 될 것이다.

원아시아라는 개념은 나에게 있어서 이제 먼 존재가 아니다. 물론 아시아 지역에는 여러 가지 모순이 존재하는 것도 사실이다. 그러나 모순이 있다는 것은 그 모순을 해결할 방법도 있는 법이다. 아시아인은 유럽 사람들에 비해 보수적 사상을 가진 사람이 많다. 이것은 정도의 문제이고 사상과 문화에 큰 차이가 있다고는 생각하지 않는다. 장벽이 있다고 느껴지는 것은 서로 교류가 충분하지 않기 때문이다. 역사 인식 문제의 영향은 분명 존재한다. 그러나 내 경험으로 보면 우선 자기 마음의 장벽을 극복하는 것이 중요하다. 물론 각자의 사고방식은 교육적 배경 등 사정에 따라 다르지만 내가 그 장벽을 극복하는 계기가 된 것은 사토(佐藤) 이사장님 덕분이다. 이 지면을 통해서 감사의 마음을 표하고 싶다.

이번 강좌를 통해서 생각한 것은 원래 인간의 생활은 공통점이 많다는 것이다. 여러 나라의 교수님들을 뵙고 학생의 입장에서 보면 어느 교수님이나 다 훌륭하신 분들이었다. 그러나 교수님들은 자신을 그렇게 생각하지 않는 것 같았다. 아주 보통 사람들과 같이 학생들을 접해 주셨다. 스스로 그런 삶을 추구해 오신 것 같았다. 처음에는 단순히 '겸손하게 말씀하시는구나.' 생각했었는데 실제로는 풍부한 학식을 갖추고 있었다.

인간은 언제부턴가 국경으로 나뉘고 계급으로 나뉘고 어느 순간 경제 능력으로 사람의 가치를 파악하는 습관을 가지게 되었다. 자신에게 이익이 되면 그것으로 된다는 생각을 가진 사람이 많다. 솔직히 말하면 나도 그 부류의 인간이다. 지금까지 내 자신의 생활을 위해 살아왔다. 그 외의 일은 나와는 상관이 없는 일이라 생각했었다. 관심이 없는 것은 아니지만 각자의 삶에는 각자의 길이 있다고 생각하고 있었다. 그러나 지금 생각이 점점 바뀌고 있다.

네팔에서 오신 아미라 달리(Amira Dali)선생님이 말씀하셨다. '자신이 개척하지 않으면 아무것도 바뀌지 않는다' 이 말은 내 인생의 좌우명이 되었다. 앞으로 내가 할 수 있는 일이라면 한 발짝 앞에 서서 생각하고 나가려고 한다. 이것은 내가 유학생활을 통해 얻은 일생일대의 보물이다.

교수님들이 가지고 계신 것은 학식뿐만이 아니다. 더 중요한 것은 인생관이다. 경험에 근거를 두는 것을 의미한다. 여름 방학에 참가한 태국의 태일공과대학(Thai-Nichi Institute of Technology) 학생들과 여행도 이번 강좌를 통한 수확이다. 일본에 온지 3년이 된다. 시간이 빨리 지나는 것이 한스럽기는 하지만 내 자신도 그동안 성장한 것이 아닌가 뿌듯한 생각이 든다.

교수님들 덕분에 내가 예상했던 것보다 더 넓은 세계를 볼 수 있게 되었다. 여름 방학 때 실시한 태국, 캄보디아, 베트남 3개국 여행은 내 인생에서 가장 아름다운 경험이 되었다.

2011년 3월 11일 동일본 대지진 때는 자원봉사 활동으로 각국의 유학생과 함께 지진피해 지역에서 봉사활동을 했다. 이때도 내가 일본에 있을 때 더 넓은 세계를 봐야 한다고 자신을 격려하였다. 봉사활동을 열심히 하는 여러 사람들의 모습이 아직도 인상에 남아 있다.

3년 전 부모님의 반대를 무릅쓰고 왜 일본 유학 결심을 했을까, 어떤 때는 후회한 적도 있고 도중에 돌아가려고 한 적도 있다. 지금 생각해 보면 그것은 한순간에 지나지 않았다. 아무래도 나는 일본과 인연이 있었던 것 같다. 이런 생각을 하니 새로운 인생을 개척해 나갈 수 있을 것 같다. 경험 하나하나가 내 인생의 한 부분으로 기억될 것이다.

유학의 의미는 사람에 따라 다르다. 유학생활에서 무엇을 추구할 것인가 유학생들은 초심으로 돌아가 생각해 봐야 할 것이다.

원아시아라고 하는 주제 덕분에 아시아인은 자신들을 뒤돌아볼 수 있었다. 과거 대부분의 아시아인은 유럽에 대해 관심을 갖는 시기가 있었다. 아시아 각국의 경제가 발전함에 따라 각국간의 거리도 좁아지고 있다. 각국간 교류는 점점 중요해 지고 있다. 나라가 다르면 문화와 습관도 다르다. 그러나 평등한 입장에서 서로 존중하면서 교류를 진행하는 것이 원아시아의 기초가 된다.

이론적으로 다 아는 것이지만 일상생활에서 사람간 교류를 통해 실제 공통의 목적을 갖고 협력하는 사업을 추진해 나가면 된다.

세계는 복잡하여 서로 이해하는 것은 어려운 일이겠지만 인간은 똑같은 존재라고 단순하게 생각할 필요가 있다. 언젠가 인간이 서로 사랑할 수 있는 날이 올 것으로 믿는다.

가에츠(嘉悅)대학/ 스샤오러(史曉樂)

2. 아시아공동체와 나와의 관계

내가 이번 강좌를 통해서 배운 것은 국가, 인종, 문화, 생활수준이 다르다고 하여도 비슷하게 생활하고 일을 하며 살아간다는 것이다. 뻔한 말일지도 모르지만 나는 이번 강좌에서 여러 나라의 사람들이 자기 나라의 사정과 일본에서 배운 것 등을 소개받고 의식을 심화시킬 수 있었다. 외국인이 일본에 와서 놀란 일, 일본 교육에서 감명을 받은 일, 본국으로 돌아가서 일본의 교육을 펼친 일, 아시아 지역의 여러 나라 사람들이 "오싱"이라는 일본의 옛날 드라마를 아는 것 등에 대해서 들었다.

나는 일본을 떠나 본 적이 없다. 심지어 아시아공동체라고 해도 어떤 나라의 사람들이 어떤 생활을 하고 있는지, 어떤 일에 대해 곤란을 겪고 있는지에 대해서 전혀 모른다.

아시아의 정치적 문제에 대해서는 이해하기 어려웠지만 사람들의 생활 모습, 그 나라의 경치, 특산물 등을 보고 그 나라 사람들이 어떤 생활을 하는지 상상을 하면서 강의를 들었다. 그리고 나라와 문화가 달라도 내가 경험한 일, 내가 흔히 하는 일이 다른 사람들도 경험하고 있어서 인간은 역시 모두 같다는 것을 알게 되었다.

네팔의 산림조성사업에 대해 들었을 때는 초등학생 때의 기억이 있어 친근감을 불러일으켰다. 일본어 '혼다(HONDA)'가 베트남에서도 그대로 사용되는 것, 이치로 선수, 다카하시 나오코(高橋尚子) 선수의 말에 태국 사람들도 일본인과 마찬가지로 감동을 받고 말레시아에는 일본에서 유명한 이세탄(伊勢丹) 백화점과 쟈스코(JASCO) 마트가 있다는 것 등 일본 생활에서 익숙한 기업이 다른 나라 사람들에게 생활의 일부로 침투되어 있다는 것에는 친근감을 느꼈다.

국가와 문화, 생활수준이 달라도 일본인과 같은 생활을 하는 것을 알고 기뻤다. 한편 종교와 문화의 차이, 각국의 경제상황이 좋지 않아 공부를 하고 싶어도 하지 못하는 학생이 있다는 것, 남녀 차별이 심한 곳이 있다는 것, 모처럼 일본에 유학을 와도 물가가 비싸서 아르바이트를 하면서 공부를 해야 하는 바쁜 유학생이 있다는 것, 이런 유학생을 지원하는 일본 단체가 있다는 것, 나라별로 장학금 제도가 있다는 것 등 많은 것을 알게 되었다.

그리고 일본의 기술과 지식을 배우러 왔던 유학생이 본국으로 돌아가 일본에서 배운 비즈니스 방법으로 본국을 발전시키기 위해 노력하고 있는 것에 매우 놀랐다. 일본에서는 일본을 발전시키려고 노력하는 학생을 본 적이 없다. 일본 대학생은 태평스럽고 목적없이 대학생활을 하는 학생이 많다. 유학생들은 높은 뜻을 가지고 배우러 왔다는 것을 실감했다.

내가 이 강좌를 듣고 싶었던 첫 번째 이유는 이미 취업이 결정되어서 미리 아르바이트를 하고 있는 회사가 태국에서 오프쇼어(offshore) 개발에 관여하고 있었는데, 아시아 사람들과의 협력을 통해 비즈니스를 확대해 나가려고 한다는 회사의 방침 때문이었다. 회사는 아시아 마켓에 승부를 띠우려고 하고 있었다. 회사에는 중국인 프로그래머가 있고 상사들은 태국에서 프로그램 개발과 일을 같이하기 위한 준비와 교류를 하고 있었다. 언젠가 나도 태국을 비롯한 다른 아시아 여러 나라를 가게 된다는 말을 듣고 그렇다면 아시아공동체와 아시아 여러 나라의 현재 사정과 문화를 알아두면 더 친하게 지낼 수 있게 될 것이 아닌가라는 생각을 하면서 강의를 경청하였다.

비즈니스 관점에서 아시아 여러 나라의 오프쇼어 개발로 작업을 분업화하면 일본 기업은 저렴한 임금으로 비즈니스를 할 수 있는 이점이 있다. 작업을 나누어 가진 나라의 사람들에게는 돈을 벌 수 있고 기술을 향상시킬 수 있는 이점이 있다. 이것은 서로가

윈윈(win-win)하는 관계라고 생각한다. 비즈니스나 금전적인 것 뿐만이 아니다. 개인생활이나 문화, 생활 모습을 알게 됨으로써 더 친해지고 오프쇼어 개발도 더 원활하게 이뤄질 것이다.

현대는 인터넷으로 세계와 바로 연결되어 있다. 나는 IT 업계에 관여하고 있기 때문에 IT 분야에서 아시아의 여러 국가 사람들과 연결할 수 있다. 아시아 각국에는 아직 IT 환경이 정비되지 않은 나라도 많을 것이다. 인터넷 환경을 정비하는 지원이 된다면 식견과 비즈니스의 폭을 넓힐 수 있을 것이다.

세계의 사람들과 만나 보니 내가 태평스럽게 있으면 바로 추월당할 것 같은 생각이 들었다. 게다가 일본은 경제도 불황이고 국내에 활기도 떨어진 것처럼 느껴진다.

지금은 어두운 일본이지만 강의를 한 아시아 각국의 강사들로부터 일본은 굉장한 국가라는 말을 들었지만 일본도 분발하지 않으면 안 되겠다는 것을 처절히 느꼈다.

회사가 왜 먼 태국과 오프쇼어 협력을 해야 하는지 의문이었다. 사장님께 물어본 결과 태국에는 훌륭한 프로그래머가 많고 태국사람들은 배우려는 의욕이 강하다고 했다. 또 일본을 친근하게 느끼는 사람이 많아 일을 하는데 서로 신뢰감을 구축할 수 있다고 했다. 인터넷으로 조사를 하고 메일로 교류하는 것만으로 만족해버리기 쉽다. 이로써 이미 다 아는 것처럼 행동할 것이 아니라 현지에 가서 몇 번이고 만나면서 교류와 대화를 하고 서로 한걸음

다가가서 이해하는 것이 중요하다는 것을 배웠다. 아시아공동체 발전에 조금이나마 공헌하고 싶다.

가에츠(嘉悅)대학/ 마츠모토 가오리(松元香里)

3. 넓은 세계로의 전진

제4회 강의를 담당했던 베트남의 다오 유이앙 교수님은 일본에 대한 기대를 말하였다. 일본은 20세기 이후 늘 세계의 톱 레벨의 기술을 가지고 있어 아시아와 세계의 주목의 대상이다. 한편 베트남은 생산기술과 경영경험의 부족, 산업 인재의 부족, 에너지 부족, 원자재가 부족하다. 다오 교수님은 본국이 잘살게 되었으면 하는 희망을 강하게 말하였다. 이를 위해서는 아시아 각국이 각각 분발하는 것도 중요하지만 더욱 중요한 것은 서로 파트너십을 맺는 것이 중요하다고 했다. 맞는 말이라고 생각한다. 아시아의 여러 나라는 일본에 대한 기대가 크지만, 해외에서 인간적인 관계가 없기 때문에 일본의 좋은 점을 세계에 널리 알리지 못한 상태라고 느꼈다.

그리고 우리가 할 수 있는 일을 생각해 보았다. 우선은 다오 교수님의 말씀처럼 '밖'으로 나가는 일이 중요하다. 일본의 대학에는 한국 · 중국 유학생이 많이 있지만 일본에서 해외로 나가는 유학생의 추이 그래프를 보면 2007년 이후 급격하게 줄어들었다. 이대로 가면 하락세가 이어질 것이다. 우선은 일본 국내라도 다른 곳을 가보는 것이 중요하다고 생각한다. 또 나를 포함한 일본인은 너무 신중한 면이 있기 때문에 실패를 두려워하지 않는 마음을 배우고 싶다.

가에츠(嘉悅)대학/ 야마구치 시오리(山口詩織)

4. 아시아공동체란 무엇인가, 그 필요성은 있는가

지금까지 생각해 보지도 않은 이 질문에 대해 이 강좌는 신선한 충격 그 자체였다. 세계적으로는 유럽연합(EU)이 공동체로서 유명한데, 이런 공동체 구상이 아시아에서도 논의되는 것을 알게 해준 것이 이 강좌였다. 각 분야에서 저명한 학자가 바통을 이어가면서 강의를 진행하는 가운데 자유무역협정, 환태평양경제동반자협정(TPP) 등 자유 경제권으로부터의 접근, 안전보장 등 외교분야에서의 접근, 아시아에 뿌리 깊은 불교사상과 철학적 측면에서의 접근 등 다양한 시점에서 아시아공동체에 대한 구상을 들을 수 있었다. 많은 것을 배웠다.

나는 경영학을 전공하고 있는데, 우리 학부 특성상 정치, 경제, 경영, 문화, 언어 5분야에 걸친 강의를 들을 수 있다. 특정 전공분야뿐만 아니라 다른 분야의 지식도 받아들임으로써 자신의 전공 분야의 시야를 넓힐 수 있다. 예를 들면 기업의 해외진출에서는 현지의 문화와 상거래 관습을 이해하고 비즈니스에 응용하는 타개책이 필요해 진다. 자유무역협정이라는 정치적, 경제적인 외부 환경에 의해 기업은 전략을 혁신해 나가지 않으면 안 된다. 이처럼 기업 경영에 있어서도 다른 분야에 대한 이해가 필요한 경우가 많다.

강좌에서는 앞에서 말한 것과 같이 다른 분야를 넘나드는 학습이 이루어졌다. 기업 경영 이상으로 경치, 경제, 문화 등 모든 분야에 대한 이해가 요구되는 아시아공동체를 추구함에 있어서 이런 학습체계는 아주 중요하다고 생각한다.

히로시마(広島)시립대학 시미즈 료타(清水良太)

5. 몇 십 년 후, 하나 된 동아시아를 볼 수 있다

이 강좌의 제일 큰 장점은 각 분야의 전문가가 다양하고 개성적인 강의를 한다는 점이다. 국제적인 지역 공동체는 무엇인가라는 일반론을 비롯하여 동아시아공동체의 롤모델이 되는 유럽연합의 역사와 현재, 동아시아 지역 내의 각 분야별 교류 현황 등 동아시아공동체라는 하나의 목표를 향해 어떻게 나아갈 것인가를 알아보기 위해 필요한 일련의 지식을 한 학기에 배울 수 있었다. 아시아 지역의 친선에 대해서 막연하게 의식하고 있었지만 정치, 군사, 경제 등을 망라하는 강의를 들으며 동아시아공동체에 대해 구체적이고 현실적인 견해를 가지게 되었다.

이상적인 동아시아공동체의 앞길에는 분명 난관이 기다리고 있다. 최근 한국의 신임 대통령 취임을 전후해서 한 · 일관계에 잡음이 일고 있다. 각국에서 애국주의에 불타는 젊은이들은 혈기를 못 이겨 무심코 폭언을 내뱉는 경우도 있다. 내가 유학했던 베이징(北京) 사범대학의 유학생 강의실 벽에는 갖가지 언어로 서로 모욕하는 말들이 낙서돼 있다. 하지만 이런 유학생들은 모두 청운의 꿈을 품고 멀리 타국까지 온 영재들일 텐데… 동아시아공동체에 대한 취지와 내용 모두 훌륭한 이런 강의를 접할 수 있었다면 몇십 년 후에는 그들의 손으로 하나가 된 동아시아의 모습을 볼 수 있을 것으로 나는 믿고 있다.

고려대학교/ 박시현

6. 아시아 여러 나라의 역사와 정치를 공부하게 된 계기

'아시아공동체'란 무엇인가, '아시아공동체'를 추진해야만 하는가, 추진한다면 어떤 방법이 있는지, 아시아공동체를 위해 어떤 대응이 필요한지, 이것은 수강 신청을 하고 떠오른 의문들이다.

'아시아공동체'를 추진해야만 하는 것에 대해서는 이 강좌를 통해서 알게 되었다. 여섯 가지 이유를 들어서 밝히고 싶다.

첫째는 아시아 지역의 협력과 통합이 필요하다는 인식을 공유하는 것이다. 인식을 공유하기 위해서는 글로벌화라는 세계적인 지역협력을 추진해야 하고 외환 금융위기의 경험을 공유하는 것이다. 두 번째는 경제 분야에서 지역협력을 추진하는 것이다. 세 번째는 안전보장 측면에서 아시아 각 지역의 협력을 추진하는 것이다. 네 번째는 지역 내 문화의 상호 침투성이다. 다섯 번째는 아시아 지역 협력을 향한 중국의 적극적인 자세다. 여섯 번째는 아시아 지역 협력을 위한 중 · 일 협력의 필요성에 대한 인식을 양국이 공유하는 것이다.

아시아공동체, 즉 지역 연대를 추진함에 있어 장애가 되는 것이 있다면 우선 아시아 지역 내의 다양성이 장애가 될 것이다. 협력과 통합의 교류가 본격화되었다지만 아시아의 역사, 민족, 언어, 문화, 종교, 경제발전, 정치체제 등 차이가 크다. 또 아시아 지역에는 냉전의 유산이 남아 있다. 예를 들면 한반도의 남북분단이 그 예이다. 이 외에도 여러 가지 문제가 있을 것이다.

그렇다면 아시아공동체를 위해서 어떤 대응이 필요한가. 우선 정치, 안전보장 면에서 협력을 촉진시킬 수 있는 경제 분야의 협력부터 통합하는 구체적인 조치를 추진하는 것이다. 제일 중요한 것은 아시아 각국의 적극적인 자세이다.

이번 '아시아공동체 강좌'는 아시아 각국의 역사와 정치 등을 공부하는 계기가 되었고, 앞으로도 아시아인으로 '아시아공동체'에 관심을 갖고 더 깊이 공부하고자 한다.

옌벤(延邊)대학/ 南宮美佳

7. 동아시아학과 신설을 시도

이번 강좌의 홍보 기자로 15회 강의를 듣고, 13회 분의 강의를 옌벤(延邊)대학 홈페이지 웹사이트에 탑재하였다. 이 강좌는 학술성이 매우 높았다. 한국 · 중국 · 일본에서 온 강연자들은 정치, 경제, 문화, 역사, 종교와 법률 등 각 분야에서 아시아공동체 창설 구상과 문제점에 대해 이야기를 펼쳤다. 서로 다른 입장에 대해 자유롭게 토의하는 장면도 인상적이었다. 강좌를 통해서 인류의 역사와 세계 발전이라는 관점에서 아시아공동체의 기원, 형성, 발전의 의의를 이해할 수 있었다.

유럽연합(EU)의 발전과 더불어 글로벌화라는 배경 아래 아시아공동체 구축은 날이 갈수록 절실해 지고 있다. 아시아 각국은 하나의 공동운명체이다. 그러나 아시아공동체 구성에 있어서 동아시아 각국간에 존재하는 문제는 적지 않다. 예를 들면 각국은 민족주의가 팽배하고 동아시아에는 공통의 가치관, 종교, 신앙과 같은 것이 아직 없다. 법률과 제도가 서로 맞지 않고 역사문제에 대한 인식도 다르다. 이런 문제에 대해서 학자들은 각자의 견해 및 건설적인 제안을 하였다. 예를 들면 원아시아재단의 정준곤 수석 연구원은 이문화에 대해서 해설하고 '취사선택'이라는 안을 제시하였다. 그리고 옌볜(延邊)대학의 강용범 선생님은 외교 정책의 제정과 관련해서 '역사문제'에 대한 철저한 해결이 국교정상화 실현의 전제 조건이 된다고 지적하였다.

문화 분야에서는 자국주의 문화를 중심으로 하거나 편협된 국가주의 의식을 극복해야만 한다. 베이징(北京)대학의 왕용(王勇)교수가 말한 것처럼 동아시아 문화권의 형성, 발전, 강화라고 하는 과정에는 동아시아 각국의 시간축과 공통의 공간축 아래 각국의 협력이 필요하다.

나는 현재 대학원생으로 선배들의 선행연구와 역사 경험에 기초하여 동북아시아 경제 협력의 한 축을 담당할 창지투(長吉圖, 창춘-지린-두만강 벨트) 선도구의 발전, 다원문화 인식과 그 제창, 분쟁요인 해결 등에 대해서 연구하고 있다. 앞으로 지금까지의 동아시아공동체 연구의 틀 안에서 경제와 문화의 다양한 시점을 도입하여 동아시아학과의 연구와 신설에 미력한 힘이나마 보태고 싶다.

옌볜(延邊)대학/ 랑랑(郎琅)

8. 누구든 먼저 선두에 서서 도전하면 최종적으로는 달성할 수 있다

'아시아공동체와 법'이라는 강의는 처음 경험하는 것이었다. 옴니버스식 강의도 처음이었고 아시아공동체에 대해서 논문을 써 본 것도 처음이었다. 제주대학교에서는 전공 수업과 교양 수업을 불문하고 중간에 초빙 강사가 한두 번 담당하는 경우는 있지만 대부분 한 교수가 한 학기 수업을 담당한다. 그러나 이 강좌는 매주 강의를 담당하는 교수가 다르고 법학에 관한 것뿐만 아니라 역사, 정치, 시사, 기업 문제 등 종합적인 사회, 문화를 배우는 강의였다.

법학을 배우기 위해서 대학에 들어 왔는데 이런 수업이 무슨 소용이 있을까라는 의문이 들었다.

첫 수업을 마치고 기숙사에 돌아와 많은 생각을 하였다. 긍정적인 면이 있다고 하면 법학부 수업과는 달리 새로운 경험을 했다는 것이다. 그리고 이 강좌는 장학금을 받을 수 있다는 것도 무시할 수 없었다. 강의를 들으면서 사회 각 계층의 저명인사들을 만나는 것도 즐거움이었다. 책이나 방송, 신문에서 접하던 분들이 직접 눈앞에서 강의를 하는 것이다. 도지사를 역임한 사람, 대통령 선거 후보였던 사람, 유럽연합 전문가, 민족문제연구소장, 신문사 사장 등 여러 전문가가 '아시아공동체와 법' 강의를 위해 기께이 시간을 할애해 주신 것이다.

아시아공동체 구축이라고 하는 거대하고 원대한 꿈, 설사 현실적으로 무리하다는 생각이 들어도 누군가 선두에 서서 도전하면 최종적으로는 그것이 달성될 것이라는 생각이 강의를 들으면서 더 강해졌다. 이런 생각을 외국인 노동자라는 사회적 약자에 대한 법제도 개선이 아시아공동체 창설에 작게나마 기여를 할 수 있을 것이라는 내용의 논문으로 작성하였다. 아시아공동체는 자신이 있는 곳에서 누구나 조금씩 노력을 하면 반드시 이룰 수 있는 꿈이라고 논문을 준비하면서 알게 되었다.

제주대학교/ 김환수

9. 대학시절 이 강좌를 들을 수 있었던 것은 행운

매주 다양한 분야의 외부 전문가를 강사로 초빙하여 수업을 진행하는 옴니버스식 강의방식이 아주 흥미로웠다. 학생의 의견을 일부 반영하여 학생이 듣고 싶은 강사를 초빙하는 방식도 특이하였고 만족스러웠다. 전문가가 생각하고 있는 아시아의 미래와 비전을 들으면서 서로 생각이 다른 부분을 이해할 수 있었고, 생각해 보지도 않은 것을 인식하게 되었다. 다른 분야와 소통을 소홀히 하여 자기 분야에만 매진하는 고집불통의 전문가가 아니라, 아시아 구성원의 한사람으로서 진정으로 아시아가 나아갈 길을 걱정하고 자신의 전공 분야와 연결시켜 모든 비전을 제시할 수 있는 진정 이 시대의 전문가들이었다.

특히 감명을 받은 것은 늘 학생에게 질문을 하면서 학생들의 호기심을 불러일으키는 수업방식이다. 전문가가 생각하고 있는 아시아공동체를 위한 비전을 제시하고 학생들의 의문에 답하고 반론에 대한 재반론을 자세하게 설명해 주는 모습을 보고 진정으로 학생들을 배려한 수업이라고 생각하였다. 많은 수업 중에 이광재 전 강원도지사의 강의가 인상적이었다. 이광재 전 지사는 아시아공동체 비전은 한반도의 평화와 안정, 또 남북간의 지속적인 교류 환경이 보장되었을 때 아시아공동체의 길은 진일보할 수 있다고 역설하였다. 수업을 듣고 공감되는 부분이 많아 아시아공동체에 대해서 여러 가지를 깊이 생각하게 되었다.

아시아에는 냉전 구조가 아직도 남아 있다. 그리고 아시아에는 해결해야만 하는 문제가 너무 많다. 미국과 중국은 수면 아래에서 패권 경쟁을 계속하고 있고 한 · 중 · 일 사이에는 역사인식, 영토 문제가 대립되어 있는 상태다. 이런 문제를 어떻게 해결해야만 하는가. 그것은 남과 북으로 분단된 지 60여년이 지난 한반도의 평화와 안정이 보장되지 않는 한 해결되지 않을 것이고 아시아공동체 실현도 어려울 것이다.

북한은 냉전시대의 공산주의를 그대로 계승하고 있고 권력 세습이 이루어졌다. 이 때문에 국제사회는 한반도에 날카로운 시선을 보내고 있다. 이광재 전 지사는 아시아공동체가 나아가야 할 길과 그 비전에 대해서 이론적으로 자세하게 설명했다. 이 강의는 논문을 작성하는 데에도 큰 영향을 미쳤다.

나는 '동아시아공동체와 한반도'라는 제목의 논문에서 동아시아공동체 구축을 위한 문제점과 그 해결책, 아시아공동체 형성에 앞서 선행되어야 할 '한반도 공동체 형성'을 다루었다. 평화가 보장되기 위해서는 지속적인 남북교류를 통한 한반도 경제 공동체, 평화공동체를 형성할 필요가 있다. 그렇게 함으로써 아시아공동체의 기초를 구축할 필요가 있다는 것이 논문의 주된 내용이다. 논문을 작성할 때 전문가들의 생각과 전망이 큰 도움이 되었다.

공통의 가치관을 지향하는 데에는 어떻게 하면 좋을까라는 물음에 대한 대답을 찾을 수 있었고, 이 논문으로 하여 최우수 장학생으로 뽑히는 영광을 안았다.

전공 분야인 법학 분야를 넘어서 다양한 분야에 대한 이해를 심화시킬 수 있는 귀중한 기회가 되었다. 서로 이해하고 공감할 수 있는 대학생의 마인드가 앞으로 사회의 미래를 결정하고 이끌어 갈 것으로 생각한다. 대학생이라는 중요한 시기에 '아시아공동체와 법'이라는 강좌를 듣게 된 것은 큰 행운이었다. 이 강좌는 앞으로 지향해야 할 교육의 역할을 충분히 보여 주었다.

제주대학교/ 한승효

10. 유럽이 과거의 싸움을 잊고 EU를 설립한 것처럼

아시아공동체는 아시아에서 구상되는 지역 공동체이다. 한마디로 아시아라고 해도 그 범위는 일본, 한반도, 중국 등 극동아시아에서 아세안, 인도에 이르기까지 넓게 퍼져 있다. 현재 아시아공동체 형성에 대한 협상은 각국이 노리는 바가 달라 난항하고 있는 것 같다. 아시아는 유럽연합과 북미자유무역협정(NAFTA) 등 그 외의 공동체와 비교해 보면 인구는 4~5배의 규모이고, 경제면에서는 아시아 외환위기가 발생하기 이전 1997년까지는 '아시아의 기적'이라고 불릴 정도의 경제 성장을 이루었다. 외환위기 후 대부분 순조롭게 회복하고 있고 앞으로 높은 수준의 경제성장을 유지할 것으로 보인다. 그중에서도 중국과 인도의 경제성장은 두드러져 앞으로 중국이 세계최고의 경제 규모가 될 것으로 예상되고 있다. 이런 아시아가 21세기 세계 경제의 중심지가 되는 것은 틀림없는 일이다. 인구나 경제 규모로 보면 아시아공동체의 설립은 세계경제에 큰 영향을 미칠 것으로 예측된다. 그러나 아시아공동체 설립은 간단하지 않다. 아시아는 정치, 경제, 문화 등 각 분야가 너무 다양하다. 아시아공동체를 실현하기 위해서는 아시아 특질에 입각하는 것이 필요불가결하다. 이 난항하는 아시아공동체 설립에 대하여 내가 기대하고 있는 것은 아시아 각지에 존재하고 있는 화교 네트워크이다. 화교들은 네트워크를 의식적, 무의식적으로 형성하고 화교기업 또는 직접 투자에 의해 중국경제의 발전에 크게 공헌해 왔다. 이 화교 사이의 견고한 네트워크야말로 통일되지 않은 아시아를 하나로 모을 때 유효하게 작용할 것으로 기대된다. 그러나 여기서 우려되는 것은 지금까지도 아시아 각국에서 화교와 중국과의 과도한 연관이 비판되어 온 것처럼 아시아 공동체에 있어서 중국의 패권주의에 반대하는 의견도 많다는 점이다. 중국이 앞으로 아시아의 진정한 리더가 되기 위해서는 다른 나라로부터 신뢰를 받는 나라가 되기 위해 노력해야 한다는 것이다.

또 아시아공동체 형성은 일본, 중국, 한국 3국이 주도해 나가야 할 것이다. 그러나 이 3개국 사이에는 역사인식 문제, 영토문제를 비롯하여 많은 뒤틀림이 존재하고 있다. 아시아공동체 설립을 위해 아시아 각국의 진정한 화해가 필요하다. 유럽이 과거의 전쟁을 흘려보내고 유럽연합을 설립한 것처럼 아시아 각국도 평화적 우호적 관계를 구축할 수 있도록 미래를 향해 노력해야 한다.

와세다(早稲田)대학/ 金大成

11. 공동체 형성에 도움이 되고 싶다는 꿈을 품다

나는 장래 연구자가 되어 동아시아공동체 형성을 위해 공헌하고 싶다는 꿈을 가지고 있다. 내가 동아시아공동체에 관심을 가지게 된 것은 고등학교 2학년 여름, 서울에서 열린 '청소년 외교 포럼'에 참가한 때부터다. 당시 나는 외교관이 되겠다는 꿈을 가지고 있었는데, '청소년 외교 포럼'에서의 경험은 동아시아 각국의 관계에 주목하게 되는 계기가 되었다. 외교관이 되고 싶은 학생들이 전국에서 모여 앞으로 세계를 리드하는 나라는 어디인지 등 다양한 논점에 대해서 논의를 하였다. 그중에 가장 인상적인 것은 동아시아에도 유럽연합과 같은 통합적인 동맹이 필요하다는 것이었다.

그래서 동아시아공동체 구상에 관해 조사해 보니 한 · 중 · 일 3국 사이에는 1999년부터 개최되어 온 '한 · 중 · 일 정상회담'이라는 협의체가 있지만, 3국의 역사적 배경과 영토문제가 장애가 되어 오랫동안 충분한 협력체제가 형성되지 않은 채 아직까지 그대로였다. 여기서 내가 앞으로 공동체 형성에 일조할 수 있는 사람이 되는 꿈을 가지게 되었다.

그러나 나름대로 조사하였다고 하지만 동아시아공동체가 왜 필요한지, 어떻게 실현할 것인지, 이런 질문에 답하는 것은 고등학생 시절의 내 지식은 너무 미천했다.

동아시아공동체에 관련된 논의에 대해서 더 알고 싶고 공부하고 싶다는 꿈을 품고 2011년 4월 나는 문부과학성 국비유학생으로 뽑혀 일본에 유학하게 되었다. 그때까지만 해도 기회가 이렇게 빨리 올 줄은 몰랐다. 1년간 일본어 훈련을 받고 다음해 2012년 4월 도쿄(東京)대학 교양학부에 입학했다. 여기에서 기미야(木宮) 선생님이 담당하시는 '동아시아공동체론'이란 수업을 발견했을 때는 운명이라고 느낄 정도로 기뻤다. 이 수업을 수강할 수 있었던 것은 행운이었다.

수업에서는 다양한 분야에서 동아시아를 연구하는 연구자와 외교 현장에서 직접 동아시아에 관한 실무에 관여하는 전문가들로부터 강의를 들을 수 있었다. 그중에는 고등학교 시절부터 알고 있던 유명한 사람도 있었다. 동아시아 연구의 선두에 서 있는 사람들의 이야기를 직접 들을 수 있었던 것은 장차 동아시아 연구자가 되려고 하는 나에게는 무엇보다도 강한 인상을 주었다.

장래 내가 어떤 분야에서 어떤 계기로 동아시아공동체를 연구해야 하는지에 대해서 생각할 때 큰 힘이 될 것이다. 만약 이 수업을 듣지 못했다면 다양한 분야의 동아시아 사정을 깊은 곳까지 알지 못했을 지도 모른다. 그 부분을 파헤쳐나가는 것은 이 수업을 계기로 해서 동아시아공동체에 흥미를 가진 학생들의 몫이라고 생각한다. 역사, 경제, 안보 등 동아시아를 생각하는 다양한 '소재'를 주었다는 것만으로도 이 수업은 충분히 가이드 역할을 했다고 생각한다.

도쿄(東京)대학/ 이소연

12. 병역으로 파견된 아프가니스탄이 계기가 되다

2012년 9월 신학기, 전공과목만 신청하면 고생스러울 것이라고 생각하고 나를 위해 재미있는 교양과목을 찾고 있었다. 그때 학내 웹 사이트를 보고 '아시아공동체 구축을 위한 사회 및 교육 문화'라는 교과목이 개설되어 있는 것을 알게 되었다. 성적을 합격과 불합격만으로 반영하고 한사람 당 50만원 상당의 장학금이 우수학생 20명에게 지급된다는 것이었다. 이런 파격적인 지원이 수강생에게 주어진다는 것에 마음이 끌렸지만 아시아공동체 구축이라고 하는 테마도 매력적이었다.

그것은 아프가니스탄에 병사로 파견되었던 경험이 있기 때문이다. 군 복무를 하고 있을 때 아프가니스탄 파견 병사 제1진으로 6개월간 아프가니스탄 부흥활동으로 파견되었다. 아프가니스탄 바그람 기지에는 아프가니스탄 부흥과 안정, 나아가 세계평화를 위해 미국, 영국, 프랑스, 독일, UAE 등 많은 나라에서 병사가 파견되어 주둔하고 있었다. 전쟁과 테러에 대한 공포가 있었지만

6개월간의 경험은 나의 세계관을 크게 바꾸었고 나라간 공동체 구축의 필요성과 기능, 영향력에 대해서 생각하는 계기가 되었다. 그리고 아시아 지역에 왜 공동체가 필요한가, 그 구체적인 이유가 알고 싶어졌다.

유럽 각국의 경우는 경제, 역사, 정치, 복지, 종교 등 다양한 분야에서 유사성이 많다. 아시아의 경우는 그렇지 않기 때문에 공동체 형성은 아시아 지역에서는 지향해야할 이상에 지나지 않을 것이라고 생각했었다.

그러나 여러 강사의 다양한 분야에 관한 강의를 통해 생각했던 것보다 아시아에도 다양한 분야에서 많은 유사점이 있다는 것을 알게 됐고, 공동체 구축도 불가능한 것이 아니라는 생각을 하게 되었다. 또 리포트를 작성하면서 아시아에 대한 관심이 커졌다. 각 테마에 대한 리포트를 작성하기 위해서는 생각했던 것보다 많은 자료가 필요했다. 자료를 모으면서 아시아 지역이라는 개념이 아주 애매하고 다양하다는 것을 알게 되었다.

제4회 리포트의 테마는 '아시아공동체를 향한 대학생의 역할은 무엇인가'였다. 자료를 조사하면서 역사, 문화, 지리 분야에서 한국, 일본, 중국 학생의 견해가 매우 다르다는 것을 알았다. 또 학자들이 대부분 지역통합의 필요성을 인정하는 반면에, 설문 조사에 따르면 3개국 학생의 경우는 48%만이 통합이 필요하다고 하였고, 전체 23,5%만이 통합이 가능하다고 생각하고 있어 부정적인 결과를 접했다.

아시아의 청소년과 학생은 인터넷으로 수동적인 정보를 얻고 삐뚤어진 역사를 배우고 있는 것 같았다.

이번 강좌를 듣고 좋았던 점은 지금까지 한번도 생각해 본 적이 없는 '아시아공동체 형성의 필요성'에 대해서 심각하게 생각한 것과 이에 대한 부정적인 생각이 바뀌는 계기가 되었다는 것이다.

그러나 아시아공동체 구축의 방향성에 대해서는 보다 구체적인 설명이 필요하다고 생각한다. 수업에 대한 학생들의 반응은 대부분 '그래서 어쩌겠다는 것인가'였다.

국제연합의 경우는 '국제 평화와 안전 유지'라고 하는 명확한 목표가 있지만 아시아공동체의 필요성은 애매한 것 같다. 따라서 장래 아시아 지역의 공동체 구축에서 리더 역할을 하게 될 학생들의 마음을 움직이게 하기 위해서는 아시아공동체 구축의 필요성에 대해서 명확한 이유와 방향성을 제시할 필요가 있다고 생각한다. 게다가 강의의 초점이 사회와 교육 · 문화에 맞춰져 있어서 정치, 경제, 역사에 대한 내용이 적었다. 이 분야의 강의가 이뤄진다면 아시아공동체 구축의 필요성을 보다 현실적으로 느낄 수 있어서 보다 나은 강좌가 되었을 것이다.

가천대학교/ 정유석

13. 다양성 속에서 통일이라는 이념을

우리는 현재 지역간 협력 없이는 해결할 수 없는 여러 문제를 안고 있다. 한 국가만으로는 손을 쓸 수 없는 환경문제가 있고 천연자원개발이 배경으로 깔려 있는 영토문제가 평행선을 달리고 있어 조기 해결이 요구되고 있다. 아시아공동체 창설은 이런 문제를 해결할 때에 중요한 역할을 할 것이다.

아시아의 지역 통합에는 많은 측면이 있다. 경제면에서는 발전에 대한 기대가 있는 한편, 현재 상황 이상으로 격차가 벌어져서는 안 된다고 하는 우려도 있다. 그리스가 발단이 되어 2009년부터 이어진 유럽연합의 재정 위기는 그 불안을 더욱 크게 하였다. 또 아시아 지역은 세계 경제에 있어서 중요한 시장과 생산 거점이기 때문에 보다 큰 틀에서 공동체 형성이 강하게 요구되고 있다. 특히 아시아 경제의 주도권을 둘러싼 중국과 이에 대립하는 미국은 이 틀에서 자국이 배제되는 것을 바라지 않을 것이다.

이처럼 아시아공동체 설립에는 각국의 이해관계와 국익이 얽힌 문제가 산적해 있다. 그러나 정말 필요한 것은 처음에 말한 것처럼 현실적으로 절박한 환경문제와 영토문제의 해결이다. 각국의 국익을 호소하는 것이 아니다. 아시아의 지역통합에서는 유럽연합을 모델로 하지 않는 독자의 요소가 필요하다. 제도는 그것이

적용되는 지역 문화 안에서 생겨나는 것으로 보다 유효하게 기능하기 때문이다. 아시아공동체는 지역적 배타성을 가지지 않는 유연한 조직이 되는 것이 설립의 필요조건이다.

공동체는 '공통의 위협'을 가짐으로써 결속되는 것이 아니다. 서로 차이를 존중하고 상호관계를 심화시켜 나가는 것이 공동체 창설의 열쇠가 될 것이다. 공동체 구상을 책상 위의 공론으로 끝내지 않기 위해서는 논의뿐만 아니라 실제 협력하면서 실적을 쌓아가는 것이 중요하다.

다민족 국가 인도네시아의 국가 표어에 '다양성 안에서 통일'이라는 말이 있다. 하나의 문화와 언어를 강요하는 것이 아니라 차이를 서로 인정하면서 하나가 된다고 하는 이념이다. 민족, 문화, 종교 등 다양한 분야에서 차이가 큰 아시아 지역에서 이 이념은 중요한 기반이 될 것이다.

니혼(日本) 대학/ 米本早春子

14. 아시아공동체의 미래를 향한 이문화 이해의 중요성

이 강좌에서 가장 인상에 남은 이(異)문화 이해의 중요성, 특히 이문화 결혼에 대해 나의 의견을 말하려고 한다.

국제결혼은 일반적으로 단순히 국적이 다른 사람끼리의 결혼으로 알고 있다. 그러나 실제로는 자신이 자라온 환경과 다른 환경에서 자란 상대방과의 다양한 차이점을 받아들여 공존, 공생하는 '이문화 결혼'을 의미한다. 종교, 인종, 민족, 언어 등 갖은 차이가 있기 때문에 함께 생활을 하는 여러 상황에서 곤란에 직면하는 일이 적지 않을 것이다.

그렇지만 차이를 이해하고 조정해 가는 것이 중요하다. 또 글로벌한 오늘날에는 이문화 결혼을 한 사람들이 세계에 국제교류의 매력을 전파하고 다문화 속에서 살아가기 위한 방법을 확대해 나갈 필요가 있다.

이런 의미에서 이문화 결혼은 아시아공동체 창설에 없어서는 안 될 이문화 이해와 다문화 공생을 중요시하기 위한 많은 지혜를 제공해 줄 것으로 생각한다.

강좌에서는 일본인과 인도네시아인과의 이문화 결혼이 한 예로 다루어졌다. 또 '부모와 친구들의 반응과 이문화 결혼에 대한 편견', '종교와의 관련성'이라는 강의 주제는 생각하게 하는 바가 많았다. 이문화와 상대방에 대한 배려에는 끝이 없다는 것을 느꼈다. 이문화 결혼이 가져오는 새로운 국제교류의 수단과 그 중요성에 대해서 알게 된 것은 큰 수확이었다.

이문화를 접하는 것은 지금까지 경험한 환경과 다른 환경을 이해하고 다른 가치관을 갖는 사람들이 서로 공존, 생존하는 방법을 아는 계기가 된다. 이것은 자신이 모르고 있었던 자신을 찾을 수 있는 계기가 되기도 한다. 이문화 결혼을 비롯한 국제교류에 매력을 느끼는 사람들이 그 중요함을 세상에 전달하는 것이 아시아가 하나가 되는 좋은 방법이 될 것이다.

니혼(日本)대학/ 이토 아이(伊藤愛)

15. 다양한 시점을 갖는 훌륭한 강좌가 되길 기대하면서

강좌의 종강 시간에 원아시아재단의 사토(佐藤)이사장과 악수를 하고 장학금을 받았을 때 정말 기뻤다. 그리고 선발된 장학생 중에 처음으로 장학금을 수여받게 되어 그 기쁨은 두 배가 되었다. 강좌를 알게 된 처음에는 아시아공동체에 대해 잘 알지 못했지만 초빙 강사님께 질문을 반복함으로써 나름대로 아시아공동체의 미래상을 구체적으로 그릴 수 있게 되었다.

앞으로 이런 강좌가 보다 많이 개설되어 가천대학교 학생이 아름다운 꿈을 키울 수 있기를 바란다. 나는 이 강좌를 통해 글로벌 기자의 꿈을 가지게 되었고, 그 꿈을 향해서 달려가고 있다. 세계에 대한 여러 관점을 키울 수 있는 훌륭한 강좌로 발전해 나갈 것으로 바라마지 않는다.

가천대학교/ 신은영

지금까지 소개한 것 이외에 많은 학생들이 감상문을 보내왔다. 원고를 보내 준 학생들은 아시아공동체 창설을 위한 미래의 헤럴드(Herald)가 될 것이다. 지면 사정으로 다 게재하지 못하는 점을 송구스럽게 생각하면서 감사의 마음을 담아 학생들의 이름을 소개한다(경칭 생략, 무순).

徐文鳳, 미하시 아키라(三橋陽), 호우 티티, 大野愛哉, 다카사키 류타로(高崎竜太郎), 가메다 나츠미(亀田菜摘), 二木正明, 구라하시 유야(倉橋佑弥), 가마다 리사(鎌田梨彩), 신 세이, 노리야마 사오리(森山紗央里), 이토 유카리(伊藤友雅里), 최원석, 지소영, 홍담연, 許仁豪, 柳文傑, 오승화, 펜디, 샤 유앙, 탄 휴샤, 은킴밍쥬, 신게쿠왕, 카미에바 아델리아, 판예창.

후 기

보이지 않는 것을 형태화하는 것은 보통 어려운 일이 아니다. 2012년 늦가을부터 시작한 아시아공동체 창설을 위한 활동을 책으로 만드는 기획은 처음 예상한 대로 난항이었다. '아시아공동체' 창설이라는 역사적인 프로젝트라는 것도 물론이거니와 한·일관계, 중·일관계가 얼어붙어 있어 아시아공동체의 실현 가능성보다도 실현 불가능한 것을 향해 나가고 있는 것은 아닌가를 통감하는 시기였기 때문이다. 바로 역풍을 맞으며 걸어가지 않으면 안 되는 심정이었다.

처음에는 원아시아재단의 활동에 대한 이해가 부족하여 재단 관계자와 대학교수를 취재하는 현장에서 혼자 이질적인 존재로 섞여 있는 것 같은 어색한 분위기였다. 2013년에 들어서도 이런 위화감은 쉽게 사라지지 않았다. 희미한 빛을 내는 별을 잡는 것 같은 이미지밖에 떠오르지 않았다. 아시아공동체 창설을 위한 활동이 한없이 실현 불가능한 '쓸데없는 노력'이 아닌가 하는 의문이 들었고 갈등도 있었다.

영원히 이어지는 어둠속을 걸어가야 하는 공포와 실망 앞에 어느 날 눈부신 '빛'이 비춰왔다. 그것은 국제회의가 개최된 반둥으로 가는 경유지 발리섬 덴파사르에서의 일이다. 그곳의 태양광에 의해 얼음이 녹는 것 같은 느낌이 가슴 속에 작은 불꽃이 피어오르는 순간이었다. 충격적인 순간이었다.

오히려 많은 사람들이 어둠 속에서 빛이 비치는 곳으로 뛰어나온 것 같은 느낌이었다. 자신의 생각과 정반대였다는 것을 아는 순간이었다. 표리일체란 바로 이런 것이다. 2013년 3월 일본에는 큰 한파가 몰아쳤지만 인도네시아에 와서 계절이 바로 한여름으로 바뀐 것처럼 마음의 장벽도 한꺼번에 사라졌다. 이것을 계기로 가슴 속의 불꽃이 피어나 스스로 비추는 원동력이 되었다.

그러자 지금까지 보이지 않았던 것, 예를 들면 원아시아재단의 강좌에 임하는 대학교수들의 반짝이는 눈빛이 보이기 시작하였다. 그 진정성이 강하게 전해져 왔다. 그들의 정열은 공감대를 형성하면서 속도를 내어 아시아 전역에 확대되어 나갔다.

인재를 키우는 일의 중요성을 잘 알고 있는 사토(佐藤) 이사장의 의도를 알게 되면서 미래를 바꾸기 위해 가장 중요한 것은 교육이라는 것, 다음 세대에 평화를 물려주는 것이 교육자의 역할이라는 것 등 새로운 관점들이 점차 보이기 시작했다.

바로 경의를 표하고 재단의 이 활동에 심혈을 기울이는 의미를 가치관의 큰 전환이라고 하는 형태로 받아들이게 되었다. 그것은 본인이 취재를 통해 성장한 증거이기도 했다.

지금 이 활동은 많은 경험자들 의해 아시아 각지에 퍼져나가고 있다. 앞으로도 더욱 소통이 확대되고 이를 통해서 동시다발적으로 큰 변화를 일으키면서 확산될 것임에 틀림이 없다. 정치적으로 해결하지 못하는 문제는 '교육'과 '연구'라는 지혜로 평화적 해결의 길을 찾는 것이 의외로 가까운 길일 것이다.

취재를 한 많은 대학교수들이 이 책에 대한 기대가 커서 어깨가 무거워졌다. 그러나 보이지 않는 것을 형태화하는 어려운 작업을 하는 데에 의지가 되었다. 지금은 처음 시작했을 때의 불안감이 거짓말처럼 사라졌다. 내 자신도 재단의 활동에 공감을 하고 큰 가능성을 향해 지식의 일부분을 담당했다고 생각하고 있다.

마지막으로 사토(佐藤) 이사장을 비롯한 재단관계자, 취재를 흔쾌히 받아준 아시아 각국의 대학교수 여러분들에게 깊이 감사드린다. 많은 교수들이 이야기해 준 에피소드는 그 꾸준한 노력을 대신 말해 주는 것이었으며 이 책을 집필함에 있어서 큰 참고가 되었다.

원아시아재단의 아시아공동체 창설을 위한 활동은 이제 막 시작되었지만, 몇 년 후에는 상상을 뛰어 넘는 큰 열매를 맺을 것이다. 역량부족으로 활동내용을 충분히 소개하지 못한 졸저이지만 많은 사람들이 조금이나마 아시아공동체를 생각하는 계기가 되기 바란다.

2013년 11월 1일

아유카와 료(鮎川 良)

자 료

1. '아시아공동체론' 강좌 개설 대학

나라 및 지역	지원	준비 중	총 수
일본	32	32	64
한국	22	25	47
중국	35	19	54
홍콩	3	2	5
대만	3	6	9
싱가포르	1	2	3
태국	2	3	5
몽골	2	4	6
베트남	2	2	4
미얀마	0	3	3
네팔	0	1	1
필리핀	0	2	2
캄보디아	1	2	3
인도네시아	4	3	7
말레시아	1	2	3
스리랑카	1	0	1
인도	0	4	4
방글라데시	0	1	1
라오스	1	1	2
키르기스스탄	4	0	4
카자흐스탄	2	0	2
타지키스탄	0	4	4
호주	0	1	1
미국	0	2	2
러시아	1	0	1
터키	0	1	1
캐나다	0	1	1
합계(28개 나라 및 지역)	120	121	241

※ 2013년 10월 현재 아시아공동체에 관한 강좌를 상설 교과목으로 결정한 대학은 6개국 16개 대학이다.

2. '아시아공동체론' 개설 대학의 연도별 추이

연 도	대학 수	지원 건수*
2010	4	4
2011	34	38
2012	49	85
2013	33	100
지원 합계	120	227
준비 중	121	
총 수	241	227

* 2년째, 3년째를 포함. 해당년도의 지원 건수

3. '아시아공동체론' 개설 대학

(2013년 10월 25일 현재)

일 본	
니혼(日本)대학 국제관계학부	모모야마가쿠인(桃山学院)대학
니혼(日本)대학 예술학부	니가타(新潟)현립대학
가에츠(嘉悦)대학	도호쿠후쿠시(東北福祉)대학
히로시마(広島)시립대학	데이쿄(帝京)대학
도야마(富山)대학	페리스 죠가쿠인(女学院)대학
도쿄(東京)대학 교양학부	메이지(明治)대학
도쿄(東京)대학 정보환경대학원	보에이(防衛)대학교
츠쿠바(筑波)대학	메이카이(明海)대학
규슈(九州)대학	니혼(日本)대학 문리학부
홋카이도(北海道)대학	아오야마가쿠인(青山学院)대학
리츠메이칸(立命館)대학	분쿄(文教)대학
와세다(早稲田)대학 대학원	아이치(愛知) 현립대학
도쿄가쿠게이(東京学芸)대학 대학원	도요가쿠엔(東洋学園)대학
아이치(愛知)대학	간토가쿠인(関東学院)대학
이토츠바시(一橋)대학	고베(神戸)대학
도쿄(東京)외국어대학	와세다(早稲田)대학

중 국	
하난(河南)대학	저장(浙江)대학
베이징(北京)대학 국제관계학부	난징(南京)대학
통지(同濟)대학	베이징(北京)대학 역사학부
칭화(淸華)대학	푸단(復旦)대학
중산(中山)대학	헤이룽장(黑龍江)대학
동베이(東北)재경대학	랴오닝(遼寧)대학
옌벤(延邊)대학	윈난(雲南)대학
화챠오(華僑)대학	시안(西安)교통대학
하이난(海南)대학 산야(三亞)학원	안후이(安徽)대학
충칭(重慶)사범대학	푸젠(福建)대학
쓰촨(四川)대학	샹탄(湘潭)대학
창쟝(長江)사범대학	허난(河南)科技대학
칭다오(靑島)농업대학	항저우(杭州)사범대학
저쟝(浙江)공상대학	중국런민(人民)대학
중국외교학원	샹난(湘南)사범대학
상하이(上海)교통대학	하이난(海南)대학
중앙민족대학	다리엔(大連)이공대학
난카이(南開)대학	

한 국	
고려대학교	동국대학교
우석대학교	창신대학
건국대학교	연세대 언더우드국제학부
한국외국어대학교	가톨릭대학교
인천대학교	부산외국어대학교
호남대학교	단국대학교
국립제주대학교	광주대학교
상명대학교	관동대학교
부산대학교	한국방송통신대학교
연세대학교 경제학부	한신대학교
가천대학교	제주국제대학교
경희대학교	인하대학교

베트남	
하노이	호치민

캄보디아	
국립프놈펜대학	

인도네시아	
인도네시아교육대학	반둥대학
가자마다대학	다르마프르사다대학

말레시아	
남방학원대학	

스리랑카	
케라니아대학	

라오스	
스파누빈대학	

키르기스스탄	
키르기스국립대학	키르기스공과대학
키르기스 · 러시아 슬라브대학	비슈케크 인문대학

카자흐스탄	
카자흐국립교육대학	카자흐국립대학

러시아	
극동연방대학	

홍콩	
홍콩이공대학	홍콩대학
홍콩청스(城市)대학	

대만	
국립 지난(暨南)국제대학	위앤즈(元智)대학
국립 정즈(政治)대학	

싱가포르	
싱가포르공과대학	

태국	
추라론콘대학 사신경영대학원	태일공업대학

몽골	
몽골라디오 · TV대학	몽골국립교육대학

※ 상기 모든 대학에서 재단 이사장 또는 재단 관계자 방문이 이루어지고 있다. 2013년 1학기까지 수강생 총수는 13,475명에 이른다. 장학생 총수는 1,534명이다(강좌 개설순).

4. 원아시아재단의 연혁

2003년 8월

- NPO법인 원아시아 클럽 발족.
- 일본, 한국, 중국, 몽골의 인사 150명이 모여 미래를 위해 아시아 공동체 창설을 목적으로 하는 활동 시작.
- 7개국 13개 도시로 원아시아 클럽 확대.

2009년 12월

• 일반 재단법인 원아시아재단 설립, NPO 활동을 중지. 아시아공동체 창설에 기여하기 위한 대학의 아시아공동체론 강좌 개설 지원(주요 활동).

2010년 3월

• 사무실 개원, 전임 스텝 3명으로 업무 시작.

2010년 8월

• 한국방송통신대학교에서 이사장 특별강연 방송.

2010년 9월

• 니혼(日本)대학 국제관계학부, 고려대학교, 건국대학교, 우석대학교에서 지원 강좌 시작(일본 1개 대학, 한국 3개 대학).

2010년 11월

• 아시아 경제 공동체 포럼 2010 협찬참가(한국 인천).

2011년 7월

• 도쿄(東京)에서 제1회 국제회의 개최(7개국, 교수 100명과 학생 등 총 300명 참가).
• 도쿄(東京)대학 정보환경 대학원 한국연구센터 국제심포지엄 '아시아 안전 공동체를 위하여' 개최.

2011년 8월

• 도쿄 메트로폴리탄 TV특집 프로그램(30분)
  – ('아시아공동체를 향해'(원아시아재단)).

2011년 11월

- 아시아 경제 공동체 포럼 2012 협찬 참가(한국 인천).
- 원아시아재단 총서 "아시아공동체 창설을 향해" 출판.

2012년 3월

- 제1회 국제아시아공동체학회 협찬 참가.

2012년 7월

- 한국 인천에서 제2회 국제회의 개최(교수 140명, 학생 등 총 350명 참가).

2012년 9월

- '한 · 중 국교정상화 40주년 기념 심포지엄' 협력 참가.

2012년 11월

- 일본 정치사회학회 5단체 공동 심포지엄 '동아시아공동체의 길' 참가.

2013년 3월

- 인도네시아 반둥에서 제3회 국제회의 개최(아세안 9개국을 포함한 14개국, 74개 대학 교수 130명, 학생 등 280명 참가, 반둥회의 박물관)

2013년 5월

- 원아시아재단 홍콩사무소 개소.

2014년 8월

- 한국 제주에서 제4회 국제회의 개최 예정.

저자 약력

■ 아유카와 료(鮎川 良)

- 경제 저널리스트
- 1964년 교토(京都) 출생, 리츠메이칸(立命館)대학 법학부 졸업
- 지방신문사, 제국데이터 뱅크, 금융전문기자 역임

■ 저서

- 「다이냄홍콩상장 IPO 1년간의 궤적」, 일경사
- 「IPO 신규상장주투자의 조언」, 일본경제신문사
- 「인기있는 신흥시장의 거래주와 IPO 투자」, 나츠메

원아시아의 헤럴드(Herald)

2014년 4월 15일 초판 인쇄
2014년 4월 20일 초판 1쇄 발행

저 자 아유카와 료(鮎川 良)
역 자 제주대학교 아시아공동체연구센터
발행인 배 효 선
발행처 도서출판 法 文 社

주 소 413-120 경기도 파주시 회동길 37-29
등 록 1957. 12. 12 / 제2-76호(윤)
TEL 031) 955-6500~6 FAX 031) 955-6525
e-mail (영업): bms@bobmunsa.co.kr
(편집): edit66@bobmunsa.co.kr
홈페이지 http://www.bobmunsa.co.kr
조 판 법 문 사 전 산 실

정가 10,000원 ISBN 978-89-18-10227-6